Barbara Eickhoff
Prügelknabe Jugendamt

Barbara Eickhoff

Prügelknabe Jugendamt

Re Di Roma-Verlag

Bibliografische Information durch
Die Deutsche Bibliothek:
Die Deutsche Bibliothek verzeichnet diese Publikation in der
Deutschen Nationalbibliografie; detaillierte bibliografische Daten
sind im Internet über http://dnb.ddb.de abrufbar.

ISBN 978-3-940450-67-8

Umschlagillustration: Don Espresso (photocase.de)

www.rediroma-verlag.de
13,50 Euro (D)

Inhalt

-Staatlicher Kinderklau in Deutschland!

-Nach dem Tod eines Kindes ermittelt Polizei gegen das Jugendamt!

-Kindeswegnahme von Amtswegen!

Tod in Bremen: Niemand fühlte sich für Kevins Martyrium verantwortlich!

-Wer schützt unsere Kinder vor dem Jugendamt?

-Familienministerin attackiert Jugendamt:
Sie bezweifelt, dass das Jugendamt vorschriftsmäßig gehandelt hat!

....

Als Sozialarbeiter/In in einem Jugendamt läuft man, speziell in der heutigen Zeit der sensationslüsternen Presse und privater Fernsehsender, ständig Gefahr, negative Schlagzeilen zu verursachen.

Anrührende Bilder von schluchzenden Eltern, denen das Jugendamt anscheinend ohne triftige Gründe die Kinder weggenommen hat, flimmern über die Mattscheiben in die Wohnzimmer, oder füllen die Seiten auch der Zeitungen, die von sich behaupten, eine sachliche Berichtserstattung abzuliefern. Und die unfreiwillig-freiwilligen Zuschauer oder Leser des Dramas leiden mit: *Wie konnte das Jugendamt nur so grausam sein, diese liebevollen Eltern von ihren Kindern zu trennen*, empört sich die halbe Nation.

Doch schon am nächsten oder übernächsten Tag wird irgendwo in Deutschland ein totes, misshandeltes oder missbrauchtes Kind aufgefunden und wieder richtet sich die öffentliche Wut gegen das Jugendamt!

Wenn ***die*** *sich früher gekümmert hätten, wäre das nicht passiert*, äußern sich plötzlich Nachbarn oder Verwandte.

Aber nicht eine Zeitung, nicht ein Fernsehsender (bis auf eine einzige Ausnahme, eine Reportage, die vor kurzem in der ARD ausgestrahlt wurde) hat sich jemals damit beschäftigt,

- wie das Jugendamt arbeitet
- mit welchen vielfältigen Aufgaben das Jugendamt betraut ist
- welchen psychischen Belastungen die Mitarbeiter/Innen ausgesetzt sind
- unter welchem zeitlichen und bürokratischen Druck die Sozialarbeiter/Innen stehen
- und wie wenig die Sozialarbeiter/Innen auf die Hilfe anderer Personen vertrauen können, die direkt oder indirekt eine Verantwortung tragen, das Wohl der Kinder zu gewährleisten

Deshalb habe ich dieses Buch geschrieben und lade alle, die es interessiert, dazu ein, mich ein paar Buchseiten lang bei meiner Arbeit in einem Berliner Jugendamt zu begleiten.

Meine Tätigkeit liegt zwar schon einige Jahre zurück und in den vielen Jugendämtern, die in Deutschland existieren, wird und wurde sicherlich auch unterschiedlich gearbeitet, aber im Grunde hat sich nichts Wesentliches verändert. Letztlich sind alle Jugendämter an die gesetzlichen Vorschriften gebunden und dem Wohl der Kinder verpflichtet.

Selbstverständlich kann ich mich nicht an alle Familien konkret erinnern, die ich im Laufe von fast zwanzig Jahren betreute, und selbst wenn ich es könnte, würde es nicht nur den Rahmen dieses Buches sprengen, sondern auch jeden Leser irgendwann langweilen.

Doch einige Familienschicksale sollen hier stellvertretend für viele andere geschildert werden.

Alle von mir vorgetragen Fälle wurden so anonymisiert, dass sich keine Rückschlüsse auf real existierende Personen ergeben könnten.

Mona

„Geben Sie mir mein Kind wieder, geben Sie mir sofort mein Kind wieder zurück“, schreit die Frau, die, nur mit einem längeren T-Shirt bekleidet, mit nackten Beinen und Füßen über das glitschige Kopfsteinpflaster hinter mir her rennt. Damit hatte ich nicht gerechnet! Als ich mich erschrocken kurz zu ihr umdrehe, sehe ich ein langes Küchenmesser in ihrer Hand aufblitzen, obwohl es nahezu stockdunkel ist in diesem Innenhof. Es ist sieben Uhr abends, die meisten Bewohner sind jetzt zu Hause und aus vielen Fenstern des fünfstöckigen Gebäudekomplexes dringt Licht, das aber durch die dunklen Mauern fast vollständig verschluckt wird.

Mein Herz schlägt bis zum Hals, aber ich laufe weiter, versuche mich auf den Weg zu konzentrieren, der mir unendlich lang erscheint. Es waren doch sonst nur ein paar Schritte bis zur Straße ...! Nur nicht stolpern, denke ich, obwohl ich kaum noch denken kann, so sehr schwirrt mir der Kopf. Es wäre fatal, gerade jetzt zu stolpern, auf dem holprigen Gelände den Halt zu verlieren und mit dem kleinen Kind auf den harten Boden zu fallen.

Die Frau schreit unentwegt weiter, ihre Rufe werden lauter, also ist sie mir dicht auf den Fersen, was nicht verwunderlich ist, denn ich habe eine Last zu tragen, die bei jedem schnellen Schritt schwerer wird. *Warum hält denn niemand diese Frau auf?*, denke ich verzweifelt. *Wo sind die Polizeibeamten, die vorhin die Wohnung umstellt hatten?* Zusammen mit dem Gerichtsvollzieher wären jetzt neun kräftige Männer da, die mir helfen könnten, aber ich sehe keinen von ihnen, höre nur die gellenden Schreie der verzweifelten Mutter hinter mir.

Das kleine Mädchen in meinen Armen wirkt völlig teilnahmslos. Es ist fast unbekleidet, nur einen sperrigen roten Plastikmantel habe ich ihm beim Verlassen der Wohnung notdürftig um die Beine gewickelt. Ich schlottere inzwischen am ganzen Körper, nicht nur vor Kälte, immerhin haben wir Dezember, als ich endlich mein auf der Straße geparktes Auto erreiche. Mein Praktikant, ein eher schmächtiger Bursche von knapp zwanzig Jahren, steht verängstigt neben meinem alten VW-Käfer. Ich werfe ihm meine Autoschlüssel zu und bitte ihn, den Wagen aufzuschließen und zu starten, aber seine Hände zittern, und er bekommt den Schlüssel nicht in das Türschloss. Also drücke ich ihm die kleine Mona auf den Arm, öffne selbst das Auto und lasse die beiden hinten einsteigen.

Die Frau schreit immer noch, wenn auch weiter entfernt, aber mir dringen ihre hilflosen Schreie durch Mark und Bein. Bis auf die Straße, eine düstere Sackgasse, folgt sie mir, dann lässt ihre Kraft offensichtlich nach und ich kann endlich das Auto starten. Aber statt nach ein paar Metern anzuhalten, um etwas Ruhe einkehren zu lassen, fahre ich mit weichen Knien noch mehr als zwanzig Kilometer durch die dunkle Dezembernacht bis zu einem Kinderheim im Berliner Norden.

Im Rückspiegel beobachte ich das schmächtige Kind auf dem Rücksitz, das sich wohlbehalten in der Obhut meines Praktikanten befindet und sich noch immer beängstigend ruhig verhält, sich aber neugierig im Wageninneren umschaut.

Als wir nach fast fünfundvierzig Minuten auf den Parkplatz des Kinderheimes einbiegen, höre ich zum ersten Mal an diesem Abend ihre Stimme.

„Mama?“, fragt sie hoffnungsvoll.

Nur mit Mühe kann ich meine Tränen zurückhalten.

Dabei hatte alles so gut angefangen, als die zweijährige Mona mit ihrer Mutter vor knapp einem halben Jahr in ‚meinen Bezirk‘ gezogen war, wenn auch nicht freiwillig. Ihr war zum wiederholten Male die Wohnung gekündigt worden, und so wurde sie, zur Vermeidung von Obdachlosigkeit, *ordnungsamtlich untergebracht.* Die Bezirksämter von Berlin hatten damals die Möglichkeit, länger leer stehende Wohnungen zu beschlagnahmen, um dort speziell Familien einzuquartieren, denen ein Obdachlosenheim nicht zumutbar erschien (Später lernte ich Familien oder Mütter mit Kindern kennen, die schon jahrelang im Familientrakt eines Berliner Obdachlosenheimes lebten, sich dort durchaus wohl zu fühlen schienen und keinerlei Anstrengungen unternahmen, um in eine ‚normale' Wohnung ziehen zu können).

Diese beschlagnahmten Wohnungen befanden sich, wie sich denken lässt, in keinem besonders guten Zustand und in den schlechtesten Gegenden. Schmutziggraue, unsanierte, bröckelnde Fassaden, die bessere Zeiten erlebt hatten, prägten das düstere Straßenbild. In den Treppenhäusern funktionierte nur selten die Beleuchtung, und es war, zumindest in den Abendstunden, mit einem gewissen Risiko verbunden, eines der oberen Stockwerke zu erklimmen, da man sich auf die maroden Treppengeländer kaum verlassen konnte. Es erübrigt sich eigentlich zu erwähnen, dass auch in den Treppenhäusern die Farbe in großen Fetzen von den Wänden platzte, an denen im Eingangsbereich des Erdgeschoß zerbeulte, meistens unbrauchbare Briefkästen montiert waren, aus denen die Reklamesendungen hervorquollen. Ein modriger Geruch schlug einem entgegen, wenn man diese Treppenhäuser betrat, eine Mischung aus Schimmel, kaltem Rauch und Essensdünsten.

Beheizt wurden diese Unterkünfte in der Regel mit Kachelöfen, 1,70 m bis 1,80 m hoch und zwischen 60-70 cm breit wie tief. Aber es brauchte schon eine Menge Kohle und Zeit, um eine angenehme Wärme zu erreichen. Kleinere Wohnungen mussten mit einem einzigen Ofen beheizt werden.

Wer Glück hatte, - ich sollte erwähnen, dass ich von der Zeit Mitte der achtziger Jahre des letzten (nicht etwa des vorletzten) Jahrhunderts berichte -, also wer Glück hatte, besaß eine Toilette innerhalb der eigenen vier Wände. Andere mussten zur Verrichtung ihrer Notdurft in eine winzige, unbeheizbare Kammer eine halbe Treppe tiefer (oder höher) gehen, die sie sich manchmal auch noch mit anderen Mietern teilten. Ein Bad oder eine Dusche gab es natürlich nicht. Derartig ausgestattete Wohnungen befanden sich vorrangig in den Seitenflügeln und einigen Hinterhäusern dieser alten Berliner Bauten. Wer dieses noch gar nicht so alte Berlin nicht kennt, (ich war selbst völlig perplex, als ich 1976 aus dem wohlgeordneten Bremen nach Berlin übersiedelte und mich auf Wohnungssuche begab) dem sollte ich erklären, was es mit dieser

Bebauungsart auf sich hat. Aus der Vogelperspektive betrachtet, sehen diese Gebäudekomplexe aus wie nebeneinander gereihte Rechtecke. Den zur Straße gelegenen Gebäudeteil nennt man - wie sich denken lässt - Vorderhaus. Dort befinden sich die größten Wohnungen mit oftmals vier, fünf oder gar sechs großen Zimmern mit bis zu vier Meter hohen Decken. Fast ohne Ausnahme gab es in diesen Nobelunterkünften auch schon damals ein Bad, allerdings – meistens auch keine Heizung.

Durch große, schwere Tore gelangt man in das üppige Treppenhaus des Vorderhauses. Breite, gewendelte Treppen führen zu den oberen Etagen. Am hinteren Ende des Vorderhauses weist eine für Ortsunkundige kaum sichtbare schmale und niedrige Tür zu den Innenhöfen, die in diesen unsanierten Gebäuden an Hässlichkeit kaum zu überbieten waren. (In besseren Wohngegenden Berlins, in denen es natürlich auch Innenhöfe gibt, sind daraus schon zu jener Zeit paradiesische Oasen entstanden mit üppiger Bepflanzung und Spiel- und Begegnungsmöglichkeiten für Kinder und Erwachsene).

Sofern man die ‚Tür zum Hof' gefunden hatte, erblickte man - vis a vis - das Hinterhaus, auch Quergebäude oder etwas vornehmer Gartenhaus genannt, obwohl sich nicht einmal ein Grashalm traute, in diesen mit Kopfstein gepflasterten Höfen zu wachsen. Rechts und links waren (sind) Vorder- und Hinterhaus mit den so genannten Seitenflügeln baulich verbunden, die jeweils eigene Eingänge hatten (haben). Manche Seitenflügel hatten (oder haben) einen oder mehrere Eingänge, es gab (vieles wurde inzwischen abgerissen) auch Gebäude mit mehreren Gartenhäusern, also auch mehreren Innenhöfen. So konnte eine Adresse lauten:

Xyz-Straße Nr. 6, linker Seitenflügel, zweiter Eingang, drei Treppen (= drittes Obergeschoss) ..., oder: drittes Quergebäude, linker Eingang, fünf Treppen, (= fünftes OG). Aber selten genug gab es diese konkreten Angaben. So konnte man leicht einen halben Tag damit verbringen, unter Xyz-Straße Nr. 6 eine bestimmte Person zu finden.

Im Vergleich zu denen des Vorderhauses nehmen sich die Wohnungen des Quergebäudes eher bescheiden aus, aber es gibt hier immerhin (fast immer) Fenster zu beiden Seiten und drei bis vier Räume sowie ein Bad.

Wer damals dagegen in einen Seitenflügel zog, war entweder arm, ein Idealist oder eben, wie damals noch möglich - *ordnungsamtlich untergebracht*, denn in den Wohnungen gab es kein Bad (einige Mieter bauten sich in der Speisekammer eine provisorische Dusche ein), selten hatten sie mehr als zwei Zimmer und waren (sind) schlecht belüftbar, da es nur Fenster zur Hofseite gibt.

Seit Jahrzehnten gammelten die Häuser, die keinem Privatmann gehörten, vor sich hin, denn der Abriss zugunsten einer Zubringerstraße war beschlossene Sache. Repariert wurde nur, was zur unmittelbaren Gefahrenabwehr unvermeidlich erschien. Die Trasse wurde jedoch nie gebaut, warum nicht, entzieht sich meiner Kenntnis.

Dieses Wohnelend, das noch vor weniger als zwanzig Jahren beinahe im Schatten von Glitzermeilen und Luxus existierte, ist kaum zu beschreiben.

Nach der Wende 1989/90 entstanden nach und nach neue mehrgeschossige Neubauten mit großen Glasfassaden, die alten Häuser, inzwischen aufwendig renoviert und restauriert, gefallen mir besser, aber das ist Geschmackssache.

Doch zurück zu Mona.

Bevor Mona mit ihrer Mutter in diese winzige Unterkunft einzog, befand sich auch die Wohnung Seitenflügel links parterre, in einem äußerst desolaten Zustand. Die Vormieter, von denen ich später noch berichten werde, hatten sehr eigenwillige Ein- und Umbauten vorgenommen, die zunächst beseitigt werden mussten, um aus den 1 1/2 Zimmern wieder eine brauchbare Bleibe zu machen. Das Sozialamt spendierte Tapeten, Gardinen und einige Gebrauchtmöbel.

Monas Mutter, eine zierliche, trotz einer auffälligen Zahnlücke im Oberkiefer nicht unansehnliche Frau von zweiundvierzig Jahren, besaß einiges Geschick, mit geringen Mitteln, etwas Farbe, Stoff und Fantasie für sich und ihre Tochter trotz der widrigen Umstände in ihrer Unterkunft eine heimelige Atmosphäre zu schaffen.

Ich war überrascht, als ich sie das erste Mal besuchte. Zu diesem ersten Besuch hatte ich mich natürlich angemeldet, also rechnete ich nicht damit, ein großes Chaos vorzufinden (Familien, die in vielen Fällen schon generationsübergreifende Erfahrungen mit dem Jugendamt gesammelt haben, entwickeln ein feines Gespür dafür, was die Leute vom Amt sehen oder erfahren dürfen, jedenfalls so lange, wie sie diesen Status aufrechterhalten können).

So wunderte ich mich also nicht, dass mir in der aufgeräumten Küche Tee angeboten wurde. Zwei Tassen standen schon auf dem gedeckten Tisch. Bevor ich mich jedoch setzen durfte, öffnete die kleine Frau die Küchenschränke und den Kühlschrank, um zu beweisen, dass für ihre Tochter ausreichend Lebensmittel vorhanden seien. Um sie nicht zu brüskieren, warf ich einen kurzen Blick hinein, aber ich verzichtete darauf, mir von ihr auch noch die Kleiderschränke zeigen zu lassen. Mona zu sehen und zu erleben schien mir wichtiger zu sein. Aber natürlich verstand ich die Reaktion der Frau.

Familien, die oftmals jahrzehntelange Betreuung und Kontrolle des Jugendamtes erfahren haben, werden misstrauisch, und sie haben Angst! Einige begegnen dieser Angst mit Unterwürfigkeit, putzen tagelang vor dem Besuch des Jugendamtes die Wohnung, kochen Kaffee und stellen eine Schale mit Plätzchen auf den gedeckten Tisch.

Andere haben ihren Stolz noch nicht verloren, bieten, wenn es unvermeidlich ist, einen Platz an und beantworten wortkarg die lästigen Fragen der Sozialarbeiterinnen. Manche, denen das Amt schon übel mitgespielt hat, verhalten sich aggressiv und lassen die Mitarbeiter des Jugendamts nur für Minuten in die Wohnung, und die müssen sich dann schon sehr durchsetzten, um das zu erfahren oder zu sehen, was sie erfahren oder sehen wollen.

Doch manche von ihnen haben sich schon so an die Besuche des Jugendamtes gewöhnt, dass sie sich keine Mühe mehr geben, etwas zu vertuschen

Monas Mutter war eine ‚erfahrene' Klientin, die immer noch einen Rest von Stolz besaß, was sie mir sympathisch machte.

Während wir Tee tranken, wanderten meine Blicke in der kleinen Küche herum, und ich entdeckte einige kleine Bilder, die an den sonst noch kahlen, weiß getünchten Wänden drapiert waren.

„Haben Sie diese Bilder gemalt?", fragte ich verwundert.

Die Frau nickte bescheiden und senkte den Kopf.

„Wenn Mona schläft, habe ich manchmal Langeweile, und dann hole ich mir meinen alten Schultuschkasten hervor und male einfach drauflos. Aber das ist nichts Besonderes, ich sollte die Bilder wegwerfen."

Ich stand auf, um mir die kleinen Gemälde genauer zu betrachten. Zarte Blüten mit hellem Grün konnte ich entdecken, aber auch wunderschöne kleine Kindergesichter mit lachenden hellblauen Augen.

„Ich bin zwar keine Expertin auf diesem Gebiet, aber ich glaube, Sie haben wirklich Talent", sagte ich ehrlich überrascht.

Für einen kurzen Moment leuchteten ihre Augen.

„Ach, das ist nichts, ich mache das ja nur zum Spaß."

Mona, der mein Besuch ja vorrangig galt, hatte sich bisher mit einer altersgerechten Schüchternheit zurückgehalten. Manchmal wagte sie einen Blick und lächelte verschmitzt, dann krabbelte sie auf allen Vieren in ihr winziges Kinderzimmer und kam mit einem Spielzeug zurück, das sie mir stolz präsentierte. Aber als ich mich nach einer Stunde an der Wohnungstür verabschiedete, streckte sie mir ihre dünnen Ärmchen entgegen. Ich nahm sie nicht auf den Arm, weil ich der Mutter nicht wehtun wollte, sondern kniete mich zu dem Mädchen herunter.

„Ich komme bald wieder, und dann spielen wir etwas zusammen", sagte ich.

„Sie sind ja viel netter, als all die anderen vom Amt“, sagte die Frau. „Die haben immer nur alles schlecht gemacht, was ich getan habe.“

An derartige ‚Komplimente’ gewöhnt, (dauerbetreute Familien versuchen oft, sich auf diese Weise bei dem neuen zuständigen Sozialarbeiter einzuschmeicheln) erklärte ich der Frau, dass alle Sozialarbeiterinnen, egal in welchem Bezirk oder in welcher Stadt sie arbeiten, immer nur das Wohl der Kinder im Auge haben. Aber ich wusste natürlich auch, dass es durchaus gravierende Unterschiede gab in der Art der Beurteilung und Betreuung von Familien, und dass ich manchmal mehr Geduld, durch Hoffnung begründet, aufbrachte als einige andere Kollegen, auch wenn ich dann letztlich doch oftmals scheiterte.

Den Akten nach, die mir aus dem Bezirk zuschickt worden waren (was heute aus Datenschutzgründen nicht mehr generell praktiziert wird), aus dem Mona mit ihrer Mutter zugezogen war, sollte es sich um eine völlig verwahrloste, alkoholkranke Frau handeln, der man das Kind im Grunde sofort wegnehmen müsse.

Diesbezüglich alarmiert, besuchte ich die Mutter in der Anfangszeit dreimal in der Woche (was natürlich einen enormen Zeitaufwand von mindestens neunzig Minuten pro Besuch beinhaltete), unangemeldet und zu verschiedenen Tageszeiten, was ich ihr auch nach meinem ersten Besuch ankündigte und erklärte.

Sie reagierte erwartungsgemäß nicht überrascht.

„Der Jugendgesundheitsdienst (früher: Säuglingsfürsorge) kam doch auch fast jeden Tag zu mir. Dann macht es doch keinen Unterschied mehr, wenn ***Sie*** nun kommen.“

(In Berlin-West wurde jede Familie oder auch allein stehende Mütter mit Säuglingen ab dem Tag der Geburt bzw. Entlassung aus der Klinik beim Gesundheitsdienst registriert. Jede Familie, egal aus welcher Schicht, erhielt einen so genannten Erstbesuch, bei dem Informationsmaterial und die Einladungen zu den Impfungen und Erstuntersuchungen ausgehändigt wurden. Gelegentlich gab es kleine Geschenke für die Erstausstattung. Familien ohne Betreuungsbedarf landeten mit kurzen Notizen als abgelegter Vorgang im Aktenkeller. Bei den übrigen änderte sich nach zwei Jahren die Zuständigkeit. Ab dem zweiten Geburtstag eines Säuglings trug nun fortan das Jugendamt die alleinige Verantwortung).

Monas Mutter wusste natürlich, dass auch meine Besuche vorrangig der Kontrolle dienten und sie begegnete mir - verständlicherweise - mit Misstrauen. Doch von Mal zu Mal wurde sie … ‚zutraulicher', und da ich sie bisher immer nüchtern - also nicht alkoholisiert angetroffen hatte, ging ich dazu über, feste Besuchstermine mit ihr zu vereinbaren. Wenn ich nun diese winzige Wohnung betrat, wurde ich freundlich empfangen, von einer nüchternen Frau, die für uns einen Tee gekocht hatte, und mir ein proper versorgtes Kind präsentierte.

Als die Herbstkühle einsetzte, beheizte die Mutter den bereits beschriebenen Kachelofen, und es breitete sich auch in den anderen Räumen wohlige Wärme aus.

Während wir zusammen eine Tasse Tee tranken, begann die Mutter mir nach und nach aus ihrem bisherigen Leben zu berichten … aus ihrer Sicht, nicht nach Aktenlage, die ich ja bereits kannte.

Elf Kinder hatte sie geboren, das erste mit siebzehn Jahren. Der Vater dieses ersten Kindes, der vom Alter her ihr eigener Vater hätte sein können, habe sie gut behandelt, berichtete die Frau. Aber dann starb er über Nacht an einem Herzinfarkt.

„Wir wollten heiraten", erzählte sie und ihre Augen glitzerten verdächtig. „Wir hatten zwar nicht viel, aber wir wären ausgekommen. Als er starb, fiel ich in ein großes Loch. Seine Familie wollte mich nicht, hat mich regelrecht verstoßen und von meinen Eltern bekam ich auch keine Unterstützung, denn sie waren dem Alkohol verfallen. Aber ich lebte notgedrungen weiter bei ihnen, wo hätte ich sonst bleiben sollen? Die Leute vom Jugendamt kamen ständig vorbei und redeten mir zu, in ein Mutter-Kind-Heim zu ziehen. Aber ich wollte nicht in ein Heim. Ich hatte Angst, man würde mir dort meinen Sohn wegnehmen. Meinen Eltern ging es immer schlechter. Sie konnten nichts mehr bei sich behalten und es widerte mich an, ständig ihren Dreck wegzuwischen. Ich schüttete sämtlichen Alkohol, den ich fand, in den Gully, sie hatten sich überall Verstecke angelegt, aber da war es schon zu spät. Sie starben kurz nacheinander im Krankenhaus. Mein Sohn war gerade ein Jahr alt. Und obwohl ich wusste, woran meine Eltern gestorben waren, griff ich selbst zur Flasche. Ich war plötzlich so einsam. Die Sorge um meine Eltern hatte mich ablenkt. Der Alkohol half mir dabei, das zu vergessen. Das klingt völlig verrückt, aber so war es. Ich trank immer mehr, blieb nachts in Kneipen, statt mich um mein Kind zu kümmern. Mit jedem Kerl, der mich wollte, stieg ich ins Bett, wobei es nicht immer ein Bett war. Bei jedem, der mich nahm, hoffte ich, die große Liebe zu finden … wie bei meinem ersten Mann, aber alle haben mich nur benutzt. Der Alkohol machte die Sache leichter.

Drei Jahre nach dem Tod des Vaters meines ersten Kindes wurde ich wieder schwanger, von einem Mann, den ich in der Kneipe kennen gelernt hatte. Er soff von morgens bis abends, aber er ging lieb mit meinem Sohn um, das glaubte ich jedenfalls. Wir bekamen ein Mädchen. Er war so stolz, dass er das kleine Ding ständig mit sich herumschleppte. Ich war beinahe glücklich. Doch als ich eines Abends nicht mit ihm schlafen wollte, ich wollte nicht schon wieder schwanger werden, verlor er die Beherrschung und prügelte nicht nur mich, sondern auch die Kinder grün und blau. Der Junge heulte und verkroch sich unter seinem Bett, aber mein kleines Mädchen atmete kaum noch, als ich die Polizei und einen Krankenwagen rief. Sie ist nicht gestorben, aber auch nie mehr richtig gesund geworden, wie man mir später erzählte.

Der Kerl wurde zwar sofort verhaftet, aber schon nach wenigen Tagen wieder freigelassen. Aufgrund seiner Alkoholkrankheit bekam er nur eine kurze Bewährungsstrafe und dazu die Auflage, sich einer Entziehungskur zu unterziehen. Ich weiß nicht, was aus ihm geworden ist. Ich habe ihn nie wieder gesehen …! Das Strafverfahren gegen mich wurde zwar eingestellt, da man mir keine Mitschuld beweisen konnte, aber meine beiden Kinder nahm man mir trotzdem weg. Es mag merkwürdig klingen, aber in der ersten Zeit war ich direkt etwas erleichtert, keine Verantwortung mehr tragen zu müssen. Ich war doch so jung, und glaubte, das Leben noch vor mir zu haben. Ganz neu anfangen wollte ich und kam nicht einmal auf die Idee, meine Kinder bei ihren Pflegeeltern zu besuchen. Doch man kann ein altes Leben nicht so ohne weiteres wegwerfen und gegen ein neues eintauschen. Ich fiel in den gleichen Trott zurück, trank wieder Alkohol und weinte um meine Kinder. Ich konnte sie einfach nicht vergessen. Ich habe sie wirklich geliebt. Doch ich hatte keine Kraft, um sie zu kämpfen. Und dann hatte ich nur noch einen Gedanken, entweder springe ich von der nächsten, höchsten Brücke oder ich versuche, neue Kinder zu bekommen.

Die Männer, mit denen ich mich dann einließ, waren mir gleichgültig. Ich konnte sie kaum noch voneinander unterscheiden…! Ich wurde einfach nur schwanger, regelmäßig, fast alle zwölf Monate. Während der Schwangerschaften trank ich nichts, das können Sie mir glauben. Aber als dann die Kinder da waren, griff ich doch wieder zu Flasche. Zuerst habe ich wenig getrunken, immer nur einen Schluck. Meinen Kleinen konnte es ja nicht schaden, denn stillen konnte ich sie ohnehin nicht, ich war viel zu mager. Nach und nach wurde es dann mehr. Ich trank nicht jeden Tag, so wie früher, aber die Abstände wurden immer kürzer. Ich war allein mit diesen nörgelnden, schreienden Säuglingen, die ständig etwas von mir wollten. Um mich sorgte sich niemand. Und keiner der Männer, die die Väter meiner Kinder geworden waren, blieben bei mir. Meine einzigen Freunde waren meine Saufkumpane, die mich trösteten, wenn ich mal wieder am Boden lag. Es dauerte nicht lange, bis das Jugendamt Wind davon bekam, dass ich ständig an der Trinkhalle stand, statt mich um die Kleinen zu kümmern. Zuerst holten sie meine Jungs ab, meine süßen Zwillinge. Sie gingen in den Kindergarten und von dort nahmen sie einfach mit.

Rosa, das erste Kind, das nach meinen Jungs zur Welt kam, schnappten sie mir direkt vor der Haustür weg. Alle drei Kinder kamen zu Pflegeeltern. Ich hätte sie besuchen können, aber ich war immer zu betrunken. Anfangs schrieben mir die Pflegeeltern im

Namen der Kinder noch Briefe, aber ich antwortete nicht darauf. Was hätte ich auch schreiben sollen? „Eure Mutter säuft und kann euch nicht besuchen“?

Die beiden Kinder, die ich danach zur Welt brachte, habe ich nicht einmal gesehen. Ich gab sie gleich zur Adoption frei,… wie auch die beiden anderen, die ich dann später Zuhause zur Welt brachte. Es waren leichte Geburten, die Kleinen kamen einfach nur aus mir heraus, fast ohne Schmerzen. Dann habe ich sie abgenabelt, das Krankenhaus angerufen und einen Schnaps getrunken. Als die Leute vom ärztlichen Notdienst kamen, haben sie mich kurz versorgt und die Säuglinge mitgenommen. Ich hatte nicht einmal nachgeschaut, ob es Mädchen oder Jungen waren.

Bei der Schwangerschaft mit dem zehnten Kind wäre ich fast verreckt. Das Kind war bereits in meinem Leib gestorben und hätte mich vergiftet, wenn der Arzt des Krankenhauses die Geburt nicht vorzeitig eingeleitet hätte. So gebar ich im fünften Monat unter höllischen Schmerzen dieses tote Kind, das nicht einmal einen Namen bekam und als Sondermüll in einer Gefriertruhe landete.“

Die Frau atmete tief durch, bevor sie weitersprach. „Ich hörte, wie der Arzt mit einer anderen Ärztin darüber tuschelte, ob man mich nicht bei dieser Gelegenheit gleich sterilisieren sollte. Zehn Kinder, davon eine Todgeburt, wären doch nun genug, zumal keines der Kinder, die ich noch gebären würde, bei mir bleiben dürfte. Obwohl die Wirkung der Narkose noch nicht vollständig nachgelassen hatte, konnte ich das Gespräch verfolgen. ‚Bitte tun Sie es nicht’, habe ich geflüstert, zu mehr war ich nicht in der Lage, und dann schlief ich wieder ein.

Als ich zwei Wochen später aus dem Krankenhaus entlassen wurde, fühlte ich mich so gesund wie schon lange nicht mehr. Ich rührte keinen Tropfen Alkohol mehr an und fand sogar eine Arbeitsstelle als Putzhilfe in einer Kantine. Fünf Jahre lang ging alles gut. Dann lernte ich einen Hilfskoch kennen, verliebte mich und wurde wieder schwanger. Der Mann hat sich zwar wieder aus dem Staub gemacht, aber glauben Sie mir, dieses Kind, meine Mona, werde ich behalten. Ich bin jetzt zweiundvierzig, Mona ist mein letztes Kind, das ich gebären konnte.“

Obwohl mir die Lebensgeschichte aus der Akte bereits weitestgehend bekannt waren, machte mich die Offenheit der Frau betroffen.

„Was ist aus Ihren anderen Kindern geworden?“, fragte ich.

„Ich weiß es nicht, denn ich habe sie alle zur Adoption freigegeben. Sie sollen sich nicht schämen müssen, eine Mutter wie mich zu haben. Aber Mona nimmt man mir nicht weg. Lieber sterbe ich.“

„Warum haben Sie sich nie einer Therapie unterzogen, um Ihr Alkoholproblem zu bekämpfen. Alkoholismus ist inzwischen als Krankheit anerkannt und heilbar, aber das wissen Sie selbst.“

Die Mutter lachte verzweifelt auf.

„Man wird trotzdem als Säufer eingestuft, der an seiner misslichen Lage selbst schuld ist, wenn man zu einem Arzt geht. Aber ich trinke ja nicht mehr, seitdem Mona auf der Welt ist.“

„Aber wenn Sie Mona behalten wollen, sollten Sie sich trotzdem helfen lassen. Es kann immer wieder zu schwierigen Situationen kommen, in denen Sie in Versuch geraten, Alkohol zu trinken, weil sie glauben, mit den Problemen nicht allein fertig zu werden. Und Sie dürfen ***nie wieder*** Alkohol trinken“, erklärte ich der Frau, wohl wissend, dass dieser Hinweis mehr als überflüssig war, „ob Sie nun eine Therapie machen oder die Hilfe des Jugendamtes annehmen, und Sie müssen sich um Mona kümmern, jeden Tag und jede Nacht.“

„Machen Sie sich keine Sorgen, ich weiß, was auf dem Spiel steht.“

Als ich mich an diesem Abend von der Frau verabschiedete, beschlich mich ein ungutes Gefühl.

In der darauf folgenden Woche gingen wir zusammen einkaufen. Weihnachten stand bevor.

(Jede Sozialarbeiterin verfügte über ein gewisses, wenn auch winziges finanzielles Kontingent, um kleine Geschenke zu kaufen.)

Monas Mutter entschied sich für hübsche Adventsdekoration, zwei Bilderbücher, einen Pullover und einen kleinen Puppenwagen für Mona. Da sie den Puppenwagen, wenn er auch sehr klein war, in der winzigen Wohnung bis Weihnachten nicht vor dem Kind verstecken konnte, beschlossen wir gemeinsam, schon zu Nikolaus eine kleine Bescherung zu veranstalten

In einem Kaufhaus erstand ich ein preiswertes Stoffpüppchen und eine Topfpflanze, einen rot blühenden Weihnachtsstern für Monas Mutter. Da der sechste Dezember auf einen Samstag fiel, feierten wir schon einen Tag vorher. Mona würde es nicht merken.

Die Wohnung roch, als ich eintrat, nach frischgebackenen Keksen und Monas Mutter hatte in der Tat Zimtsterne und Vanillekipferl gebacken. Sie entzündete eine Kerze am Adventsgesteck und zauberte unter ihrem Bett den kleinen Puppenwagen hervor. Die leuchtenden Augen des Kindes werde ich nie wieder vergessen. Mona spazierte stolz mit ihrem Puppenwägelchen durch die Räume. Die Mutter lächelte glücklich und ihre Wangen glühten.

Obwohl mich dieser Dezemberabend kalt erwischte, als ich zwei Stunden später die gut beheizte Wohnung verließ, und ich mir eine saftige Erkältung zuzog, fühlte ich mich in meinem Tun bestätigt. Vielleicht schaffte es die Frau ja tatsächlich, und vielleicht konnte ich ihr ein wenig dabei helfen.

Am Wochenende wurde es beinahe über Nacht dramatisch kalt, zwanzig Grad unter Null meldete der Wetterbericht. In meiner/unserer zentral geheizten Wohnung dachte ich erst am späten Sonntagabend an meine Klienten und ihre Kachelöfen.

In dem Gebäudekomplex, in dem auch Monas Mutter lebte, kannte ich mittlerweile fast alle Familien, einige nur durch kurze Kontakte, da sie Anträge auf ‚einmalige Beihilfen' (dazu komme ich später) gestellt hatten. Andere wiederum bedurften schon einer intensiveren Betreuung, die sich weniger durch Alkoholprobleme ergab, wie bei Monas Mutter, sondern durch die durch Armut bedingte Frustration der Eltern, die in diesen zum überwiegenden Teil verkommenden Wohnungen ihr Leben fristen mussten.

So ergab es sich also, dass ich bereits am achten Dezember wieder zu einem Hausbesuch in der Straße eintraf, deren Namen ich nicht nennen möchte. Mein Weg führte mich unweigerlich an der Wohnung von Mona und ihrer Mutter vorbei. Ein kurzer Blick zeigte mir die Eisblumen an den Fenstern, was mich mehr als misstrauisch machte.

Wenn ich schon einmal in dieser Straße war, verband ich in der Regel gleich mehrere Hausbesuche miteinander, was mich zwar sehr anstrengte, allerdings auch die Zeit für die Wege einsparte.

An manchen dieser Tage wurde mir manchmal regelrecht schlecht vor Hunger, da es zwischen den einzelnen Hausbesuchen keine Gelegenheit gab, etwas zu essen. Die einzige Imbissbude, an der sich darüber hinaus täglich alle Trinkfreudigen aus dem Radius von einem Kilometer einfanden, war für eine kurze Pause zu weit entfernt und mit einem Stullenpaket hätte ich mich nirgendwo platzieren können.

Als ich mich also an diesem Montag … drei Stunden später ... nach meinen Hausbesuchen mit knurrendem Magen auf den Heimweg machte, - machen wollte- , brannte in der Wohnung von Monas Mutter, was ich schon von weitem sah, noch immer kein Licht. Es war bitterkalt und mich beseelte nur der einzige Gedanke, möglichst schnell den Bus zu erreichen und mir zu Hause ein warmes Bad zu gönnen. Die wenigen Fenster der Wohnung von Monas Mutter waren inzwischen vollständig zugefroren. Dennoch schellte ich an der Wohnungstür und klopfte schließlich mit der Faust dagegen. Wie erwartet, öffnete niemand. Die Leute, die eine Treppe höher wohnten, kannte ich nicht, aber ich klopfte trotzdem an die Tür. Dem Namen nach zu urteilen, der mit unsicherer Handschrift über dem Klingelschild angebracht war, musste es sich um eine ausländische Familie handeln. Ein kleiner Junge mit pechschwarzem Haar öffnete einen Spalt breit die Tür und lächelte mich mit seinen kleinen weißen Stummelzähnen an. Der mit einem Tuch verhüllte Kopf einer Frau erschien gleich dahinter.

„Wissen Sie zufällig, wo sich die Frau mit ihrer kleinen Tochter, die unter ihnen wohnt, im Augenblick aufhält? Ich wollte sie heute besuchen“, schwindelte ich, „aber sie ist nicht zu Hause.“

Aus der Wohnung schlug mir ein merkwürdiger, unangenehmer Geruch entgegen und ich trat einen Schritt zurück. Die verhüllte Frau nahm mir das offensichtlich nicht übel, denn sie strahlte mich freundlich an und ihre weißen Zähne blitzten selbst in diesem dunklen Treppenhaus. „Frau ist gegangen, mit Kind“, versuchte sie mir zu antworten, „gestern, ich glaube, oder vorgestern, aber länger ist nicht her. Aber nicht zurückkommen, denke ich. Ich nichts hören von Kind. Sonst Kind immer weinen.“ Aus dem Hintergrund war plötzlich eine laute Stimme zu hören. „Entschuldigung“, stammelte die Frau, „mein Mann warten auf Essen, ich gehen.“

Ich bedankte mich bei der Kopftuchfrau, die sofort die Tür vor mir verschloss. Wo konnte Monas Mutter sein bei diesem Wetter, dachte ich beunruhigt, als ich die Treppe wieder hinunter stieg. Mit klammen Fingern schrieb ich einen kleinen Zettel an die Mutter (mit dem Hinweis, dass ich sie am nächsten Nachmittag erneut aufsuchen würde), den ich in Ermangelung eines Briefkastens in den Türschlitz stopfte.

Ich konnte nicht schlafen in dieser Nacht.

Schon am nächsten Tag, direkt nach der Sprechstunde, stand ich wieder vergeblich vor dieser Tür. Monas Mutter war entweder nicht zu Hause oder wollte mich nicht einlassen. Mein Zettel klemmte nicht mehr im Türschlitz, also musste sie inzwischen zu Hause gewesen sein.

Damals arbeiteten die Sozialarbeiter/Innen noch allein, auch wenn derart brisante Hausbesuche anstanden. Wären wir an diesem Tag zu zweit unterwegs gewesen, hätte eine von uns die Nachbarn befragt, die andere hätte die Mutter an der Trinkstation suchen können. Aber ich stand nun allein vor diesem Problem (selbstverständlich gab es auch noch keine Handys) und musste eine Entscheidung treffen. Konnte ich riskieren, Mona noch eine weitere Nacht dieser Kälte in der unbeheizten Wohnung auszusetzen? Aber was wäre, wenn Monas Mutter sich mit ihrer Tochter wohlbehalten bei Freunden aufhielt? Dagegen sprach allerdings, dass die Frau nicht auf meine Nachricht reagiert hatte.

Als ich mich einige Minuten später auf den Weg zum unweit entfernten Vormundschaftsgericht (damals zuständig für nichtehelich geborene Kinder) machte, war mir bewusst, das dieser Entschluss das Ende einer positiven Zusammenarbeit mit Monas Mutter bedeuten würde,... sollte ich mich geirrt und ihr somit Unrecht getan haben. Doch je näher ich mich dem ehrwürdigen Gebäude näherte, desto sicherer war ich, die richtige Entscheidung getroffen zu haben.

Um einen Eingriff in die elterliche Sorge zu beantragen, bedarf es keiner Schriftform, welche die zuständigen Richter zwar bevorzugen, da sie sich dann Zeit lassen und in Ruhe einen Termin anberaumen können. Ist jedoch ‚Gefahr im Verzug', reicht es aus, sich mündlich an die Rechtsantragstelle des Gerichts zu wenden

Als ich an diesem eiskalten Dezembertag die schweren Türen zum Gerichtsgebäude aufdrückte, war das Schicksal der kleinen Mona besiegelt. Das kleine Fünkchen Hoffnung, das aufgekeimt war nach den vertrauten Teestunden mit Monas Mutter, zerrann wie Sand zwischen den Fingern.

Die Damen aus der Rechtsantragsstelle tippten umständlich auf ihren uralten Schreibmaschinen meinen mündlichen Antrag auf Entzug des Aufenthaltsbestimmungsrechtes (wegen Gefahr im Verzuge im Wege einer einstweiligen Anordnung = hört sich schrecklich an, heißt aber so) für Mona und legten ihn dem Richter vor. Eine Stunde später, nach einem Gespräch mit dem Vormundschaftsrichter, hielt ich den Beschluss in der Hand, die Grundlage dafür, Mona von ihrer Mutter trennen zu dürfen, ohne dass die Mutter vorab in einer mündlichen Verhandlung von einem Vormundschaftsrichter befragt werden musste.

An das Prozedere mittlerweile gewöhnt, begab ich mich anschließend zur Gerichtsvollzieherverteilungsstelle, denn nur ein Gerichtsvollzieher hat die Ermächtigung, die Wegnahme eines

Kindes gegen den Willen des Sorgerechtsinhabers vornehmen zu dürfen. (Als ich Jahre zuvor zum ersten Mal eine so genannte Inobhutnahme durchführen und dazu einen Gerichtsvollzieher bemühen musste, war ich völlig entsetzt. Normalerweise verband ich, wie wohl die meisten anderen Menschen auch, Gerichtsvollzieher mit Pfändungen, Wegnahmen von Gebrauchsgegenständen wie Fernseher oder die Eintreibung von Schulden, aber dass auch die ‚Wegnahme' von Kindern in den Zuständigkeitsbereich von Gerichtsvollziehern fiel, war mir in erschreckende Weise neu.)

Gerichtsvollzieher sind, so wie ich sie kennen gelernt habe, bei Weitem nicht so unsensibel, wie sie zu sein scheinen, jedenfalls die meisten nicht. Sie haben oftmals den größten Einblick in die Not der verschuldeten Familien und versuchen, beratend zu helfen. Aber ein Kind - oder mehrere - ‚wegnehmen zu müssen', ist auch für Gerichtsvollzieher die unangenehmste aller ihrer Tätigkeiten. Nichtsdestotrotz schrieben sie klaglos in ihre Formulare in der Rubrik der zu pfändenden Sache den oder die Namen des oder der ‚wegzunehmenden Kinder'. Ein Verwaltungsakt eben.

Mit dem Gerichtsvollzieher, der am nächsten Tag für meinen Antrag zuständig war, verabredete ich mich um kurz vor 19.00 Uhr. Nach seiner Erfahrung würden zu dieser Uhrzeit die meisten Klienten zu Hause anzutreffen sein. Zu **seinem**, nicht zu meinem Schutz orderte er eine Polizeitruppe sowie einen Schlosser, der die Wohnungstür hätte öffnen können, sollte die Frau den Zutritt verweigern.

Als ich mit meinem Praktikanten (der erst vor ein paar Monaten mit seinem Studium begonnen hatte) vor dem Haus eintraf, kam mir der Gerichtsvollzieher schon zuversichtlich lächelnd entgegen.

„Sie ist zu Hause, es brennt auf jeden Fall Licht, und Musik habe ich auch gehört. Wenn die Polizeibeamten eintreffen, ich erwarte sie jeden Moment, können wir mit der Aktion beginnen."

Ich fühlte mich hundeelend, versuchte aber, mir nichts anmerken zu lassen und überreichte dem Gerichtsvollzieher die Ausfertigung des Beschlusses vom Vormundschaftsgericht auf vorläufigen Entzug des Aufenthaltsbestimmungsrechtes für Mona, den er kurz zur Kenntnis nahm und in seiner Aktentasche verstaute.

Während wir in der lausigen Kälte auf die Polizei warteten, dachte ich an die Mutter, die dort - nichts ahnend - in ihrer Wohnung saß, während sich das Unheil über ihr zusammenbraute. Zweifel kamen auf. Hatte ich vielleicht doch zu vorschnell gehandelt, fragte ich mich und erinnerte mich an die offenen Gespräche mit Monas Mutter.

„Diese Frau wird sich nicht mehr ändern“, sagte der Gerichtsvollzieher plötzlich, so als hätte er meine Gedanken erraten. „Ihr kann man nicht mehr helfen, es sei denn, sie will es selbst. Aber wir müssen das Kind vor ihr schützen.“

Inzwischen war die Polizei eingetroffen. Acht Beamte postierten sich im Hof um die Parterrewohnung, um einen möglichen Fluchtweg zu versperren.

Der Gerichtsvollzieher nickte dem Schlosser, der einen schweren Arbeitskoffer mit sich herumschleppte, freundlich zu. Dieser zog sich daraufhin diskret in die dunkelste Ecke des Hausflures zurück. Die beiden hatten schon öfter zusammen gearbeitet. Mit den Fingerknochen klopfte der Gerichtsvollzieher energisch an der Tür. Wider Erwarten öffnete die Frau sofort. Der Gerichtsvollzieher, ein massiger Mann Ende Fünfzig, stürmte sofort in die Wohnung, sah das fast nackte Kind, nahm es aus seinem Stühlchen und drückte es mir in die Arme.

„Verschwinden Sie“, raunte er mir zu, „den Rest erledige ich.“

An der Flurgarderobe hing als einziges Bekleidungsstück ein rotes Lackmäntelchen, das ich mir im Vorbeigehen griff und dem Kind um die Beine wickelte.

Und dann rannte die Mutter mit dem Messer hinter mir her!

Monas Mutter erklärte schon zum Gerichtsverfahren, dass der Vormundschaftsrichter einen Tag später anberaumt hatte, auch dieses letzte Kind zur Adoption freigeben zu wollen. Ich erkannte sie kaum wieder! Ihr linkes Auge wies eine deutliche Verletzung auf, und sie roch penetrant nach Alkohol. Sie hatte sich nicht einmal die Mühe gemacht, saubere Kleidung anzuziehen. Es war traurig, sie so sehen zu müssen. Oder war ich nur traurig, weil ich gehofft hatte, ihr helfen zu können, wo doch schon so viele andere vor mir gescheitert waren? War ich einfach nur enttäuscht?

Sonderbarerweise schien die Frau nicht einmal wütend auf mich zu sein. Ruhig und gelassen saß sie neben mir, als wir vor dem Termin, auf der gleichen Bank nebeneinander sitzend, auf den Aufruf des Richters warteten.

Nach der Entscheidung des Richters, ihr das komplette Sorgerecht zu entziehen, wirkte sie so, als habe man ihr eine Last genommen. Kein Protest, keine Tränen, keine Rechtfertigung. Als ich auf den Gerichtsflur trat, sah ich sie verschwinden, mit einem älteren langhaarigen Mann, der vor der Tür auf sie gewartet hatte.

Mona blieb nur wenige Wochen im Kinderheim. Schon bald fand man junge Adoptiveltern für sie. Von Monas leiblicher Mutter habe ich nie wieder etwas gehört. Eine spätere Anfrage beim Einwohnermeldeamt ergab lediglich, sie sei unbekannt verzogen.

Drei Brüder

Nicht jeder Fall verlief so spektakulär wie der der kleinen Mona, was nicht bedeutet, dass mir die Schicksale anderer Kinder weniger nahe gingen.

Man entwickelt vielleicht im Laufe der Jahre als Sozialarbeiter/In eine gewisse Routine, aber die Betroffenheit bleibt … jedenfalls bei den meisten meiner Berufskolleginnen und -kollegen!

Auf die drei Brüder wurde ich durch einen Lehrer aufmerksam, besser gesagt, ich wurde von ihm wegen eines Schülers aus seiner achten Hauptschulklasse angerufen. Zur damaligen Zeit erhielten wir nur selten Mitteilungen von Lehrern oder Lehrerinnen, allerdings auch kaum Informationen, so als wollten sie sich nicht in die Karten schauen lassen. Wenn sie aber dann selbst mit ihrem Latein am Ende waren, erwarteten sie von uns, also dem Jugendamt, ein sofortiges Eingreifen. „Aber sagen Sie bitte nicht, dass Sie das von mir wissen“, war der häufigste Schlusssatz eines solchen Telefonates. (Die Zusammenarbeit mit den Lehrkräften verbesserte sich in den kommenden Jahren ... wenigstens ein bisschen.)

Dieser Lehrer, von dem ich eben sprach - wie es schien schon ein etwas älterer Pädagoge, informierte mich also telefonisch darüber, dass sein Schüler Alexander, vierzehn Jahre alt, seit über vier Monaten dem Unterricht fernbleibe. Er habe dessen Mutter mehrfach angeschrieben, allerdings ohne Erfolg. Von Mitschülern habe er nun erfahren, dass sich Alexander nicht mehr im Haushalt seiner Mutter aufhalte, sondern bei einem ‚Onkel‘ untergekommen sei.

Ein Schulschwänzer brachte mich nicht gleich aus der Ruhe, derer gab es viele. Dennoch musste ich mich darum kümmern. Glücklicherweise konnte mir der Klassenlehrer eine ungefähre Adresse nennen, sodass ich nicht viel Zeit benötigte, um den Jungen zu finden.

Alexander entpuppte sich als äußerst liebenswürdiger, höflicher junger Bursche, der mir klipp und klar erklärte, nicht zu seiner

Mutter zurückkehren zu wollen. Seine Mutter sei Alkoholikerin und lebe schon seit fast einem Jahr nicht mehr in ihrer Wohnung, sondern bei einem Freund, der ebenfalls Alkoholiker sei.

Der ‚Onkel', ein zahnloser älterer Herr (mit dem Gemüt eines Dreijährigen), schlurfte, während ich mit dem Jungen sprach, im Bademantel über den Flur und griente mich freundlich an. „Netter Junge, der."

Die Wohnung, die ich mir zeigen ließ, war schlicht eingerichtet, aber überraschend sauber.

Alexander bewohnte ein winziges Zimmer, mit einer Matratze als Liegestatt und vielen Postern an den Wänden.

„Und Sie sind also der Onkel von Alexander", sprach ich den Herrn an, der mir einen Becher mit heißem Wasser und einen Teebeutel reichte.

„Nicht ein richtiger Onkel, nur ein guter Freund."

„Und warum haben Sie den Jungen bei sich aufgenommen?"

„Er hilft mir, kauft ein, macht die Wohnung sauber. Ich bin alt und allein."

„Aber Alexander ist erst vierzehn Jahre jung. Er muss in die Schule gehen."

„Ach, Schule, was soll das, er findet doch keine Arbeit. Besser ist, wenn er mir hilft."

Eine akute Gefährdung des Jugendlichen war zunächst nicht zu erkennen, auch wenn ich mir nicht so sicher war, ob sich der ältere Herr nicht auch noch andere ‚Liebesdienste' von dem Jungen erhoffte oder schon bekommen hatte.

Ich sagte dem Jungen, dass er selbstverständlich nicht bei seiner Mutter leben müsse, wenn sich seine Vorwürfe gegen sie bewahrheiten würden, allerdings auch nicht bei diesem Mann, der weder sorgeberechtigt sei noch für einen regelmäßigen Schulbesuch seines Logiergastes Sorge trug.

„Sie können so lange reden, wie sie wollen", protestierte der Jugendliche, „Ich weiß, was Sie sagen wollen, aber ich gehe nicht in ein Heim. Kümmern Sie sich lieber um meine Geschwister."

Erst jetzt erfuhr ich von seinen Brüdern, Stefan, neun Jahre alt, und dem ein Jahr jüngeren Christian.

„Und wo sind deine Geschwister jetzt?“, fragte ich ziemlich entsetzt.

„Wo sollen die schon sein, wahrscheinlich in unserer Wohnung.“

„Allein?“

„Nehme ich an, aber die beiden kommen gut klar.“

„Und seit wann sind sie allein in der Wohnung?“

„Na…, seitdem die Alte weg ist.“

„Du meinst deine Mutter?“

„Wen sonst? Aber das ist keine Mutter, das ist eine Schlampe.“

„Und warum kümmerst du dich nicht um deine Geschwister? Sie sind doch noch viel zu klein, um allein zu leben.“

„Was hab' ich damit zu tun? Erst bin ich ja noch dageblieben, nachdem die Alte, ich meine, meine Mutter, ihre Sachen gepackt hat und zu ihrem Lover gezogen ist, aber dann ging mir das Geheule meiner Brüder auf die Nerven. Ewig haben sie nach ihrer Mutter gejammert. Dann geht zum Jugendamt, habe ich ihnen ganz klar gesagt, dann kommt ihr in ein Kinderheim und aus ist es mit eurer Freiheit. Da werdet ihr eingesperrt und bekommt trockenes Brot, und mit einem eigenen Zimmer ist es dann auch vorbei, denn da gibt es nur Schlafsäle für zehn oder mehr Kinder.“

„Wer hat dir erzählt, dass es so in Kinderheimen zugeht?“

„Niemand, aber das zeigen die doch immer im Fernsehen.“

„Da schaust du wohl die falschen Programme. Aber wenn ich dich richtig verstehe, hast du dich dann, wie es jetzt heißt, auch vom Acker gemacht, als deine, eure Mutter weg war?“

„Ja, die beiden haben eben mich genervt. Wenn ich meinen Kumpels verabredet war, wollten sie mitkommen. Die hätten mich doch ausgelacht, wenn ich mit den Kleinkindern angekommen wäre. Und außerdem bin ich ja auch noch weiter zur Schule gegangen und manchmal hab' ich auch tatsächlich Hausaufgaben gemacht. Ach, egal! Sie haben mich einfach gestört, und ich wollte nicht länger ihr Kindermädchen spielen.“

„Und wo hast du dann gewohnt?“

„Mal hier, mal da, bei irgendwelchen Kumpels eben.“

„Und deine Brüder?“

„Bin ich etwa für die Gören verantwortlich?“, schnaufte Alexander sichtlich wütend. „Und trotzdem war ich manchmal drüben und habe nach ihnen gesehen.“

„Und wovon haben deine Brüder und du gelebt, ich meine, ihr musstet doch auch etwas zu essen haben.“

„Einmal in der Woche haben wir uns Stütze von unserer ‚Mutter‘ abgeholt. Fünfzig Mark rückte sie anfangs raus und verlangte, dass wir von diesem Geld auch Kohlen besorgen sollten. Zum Monatsende hatte sie ihr Geld wohl schon versoffen, denn da gab es nur noch einen Zehner. Wir haben morgens Toastbrot mit Honig gegessen und abends gab es Toastbrot mit Tomatenketchup. Irgendwann hat's mir dann gereicht und ich wollte auch die Alte nicht mehr sehen. Ich bin dann nicht mehr zu ihr gegangen. Die Jungs hatten dann das Geld, wenn's auch wenig war, für sich.“

„Und wie ging es dann weiter?“

„Ich bin zu einem Kumpel gezogen, hab' ich doch schon gesagt. Der hatte sechs oder sieben Geschwister und bei ihm zu Hause ging alles total locker zu. Alle durften Freunde mit nach Hause bringen. Die Mutter war total nett, stand den ganzen Tag am Herd kochte riesige Portionen. Zu Essen bekam ich also genug, wenn es auch nicht besonders lecker war, aber ich wurde auf jeden Fall satt. Nebenbei hab' ich ein bisschen gejobbt, Prospekte ausgetragen, Flaschen eingesammelt und das Pfand kassiert oder Omis die Taschen nach Hause getragen. Wenn man praktisch auf der Straße lebt, lernt man schnell, wie man leicht zu Geld kommt. Wenn das Geschäft gut lief, habe ich meinen Brüdern etwas Geld zugesteckt. Sie brauchten ja manchmal auch Hefte oder anderen Kram für die Schule. Und das hatte ich ihnen eingeschärft: Geht auf jeden Fall zur Schule. Wenn ihr schwänzt und die dahinter kommen, was mit euch los ist, stecken die euch ins Heim.“

„Und warum gehst **du** seit vier Monaten nicht mehr in die Schule? Über ein halbes Jahr hast du es doch immerhin geschafft, trotz der widrigen, der besonderen Umstände. Dein Lehrer scheint dich zu mögen und er sagte, du seiest recht begabt."

„Keinen Bock mehr gehabt. Und außerdem, was heißt schon begabt auf einer Hauptschule? Einen Hauptschulabschluss könnte ich genauso gut gleich in die Tonne kloppen."

„Aber du könntest doch einen Realschulabschluss nachholen. Dein Lehrer glaubt, dass du das schaffen würdest."

„Ich geh' lieber arbeiten und Geld verdienen. Und wenn ich genug zusammenhabe, wandere aus, nach Amerika oder so. Die da brauchen nur Arbeiter und keinen Schulabschluss."

„Leider bist du auch noch schulpflichtig, also wirst du wohl oder übel noch eine Weile in die Schule gehen müssen, egal wo du in Zukunft wohnen wirst. Da werden wir noch eine Lösung finden müssen. Aber bis auf weiteres kannst du erst einmal hier bleiben, denn ich muss mich um deine Brüder kümmern."

„Sie brauchen sich keine Mühe zu geben", hatte Alexander mir noch mit auf den Weg gegeben, nachdem er mir die Adresse genannt hatte, wo seine Brüder zu finden wären. „Die machen Ihnen sowieso nicht auf, wenn sie dort klingeln."

Alexander behielt Recht!

Auch vor der Wohnungstür der Mutter, besser gesagt der Wohnungstür ihres Lebensgefährten, wartete ich nach dem Läuten vergeblich darauf, dass jemand öffnete. Als ich jedoch den Atem anhielt und mein Ohr ganz nah an die Tür brachte (eine etwas unfeine Art, wie ich zugebe), hörte ich leise Schritte und tuschelnde Stimmen. Das hatte ich erwartet.

Am nächsten Morgen sprach ich mit den Lehrerinnen der Kinder, die ich beide als Aufsicht auf dem Pausenhof antraf. Sie reagierten völlig überrascht und konnten mir kaum glauben. Beide Jungen seien durchschnittliche bis gute Schüler und wären nie besonders aufgefallen, allenfalls durch ihre etwas abgetragene Kleidung, aber das sei in diesem Bezirk nicht so ungewöhnlich, und sie hätten doch stets sauber gewirkt. Auch kämen die Kinder regelmäßig und pünktlich zum Unterricht und hätten immer die Hausaufgaben erledigt.

Diese Information irritierte mich. Wie konnten zwei Kinder ein Jahr lang allein leben und trotzdem regelmäßig und ohne Auffälligkeiten in die Schule gehen?

Da mir die Kinder auch am Nachmittag des gleichen Tages nicht öffneten, versuchte ich erneut, die Mutter anzutreffen, die in der gleichen Straße, lediglich einen knappen Kilometer von ihrer eigenen Wohnung entfernt, ihr eigenes Leben lebte. Dieses Mal wurde ich eingelassen, in eine aufgeräumte, wenn auch spärlich möblierte aber warme Bleibe. Die Mutter verhielt sich überaus entgegenkommend, bat mich in die Küche, schloss die Tür hinter uns und bot mir sofort einen Platz und einen Kaffee an, den ich höflich ablehnte.

Wenig später hörte ich, wie die Wohnungstür ins Schloss fiel.

„Ist Ihr Lebensgefährte vor mir geflüchtet?“, fragte ich scheinheilig.

„Er will wohl nur Zigaretten holen.“ Sichtlich nervös wuselte sie in der kleinen Küche herum und versuchte dabei, die Hand ständig vor das Gesicht haltend, um ihr ruiniertes Gebiss zu verbergen.

„Sie können sich sicherlich denken, warum ich hier bin“, eröffnete ich das Gespräch. „Ihre minderjährigen Kinder leben seit fast einem Jahr allein, ohne dass sich jemand um sie sorgt.“

Zögernd räumte sie ein, dass Stefan und Christian zwar nachts allein in der Wohnung seien, aber eben nur nachts, denn tagsüber würde sie sich um die Kinder kümmern. Die Wohnung, in der sie mit ihrem neuen Lebensgefährten wohne, sei einfach zu klein, um weitere Betten aufzustellen. Aber die Kinder kämen regelmäßig nach der Schule zu ihr zum Essen und würden auch ihr Abendbrot bekommen. Lediglich das Frühstück müssten sie sich selbst zubereiten, das sei aber kein Problem.

„Da hat mir Alexander aber etwas anderes erzählt, und auch er ist auch noch minderjährig.“

„Hören Sie mir mit Alexander auf. Der lügt doch, wenn er den Mund aufmacht."

„Das Gleiche hat Alexander von Ihnen behauptet."

„Dieser Rotzlöffel, was bildet der sich eigentlich ein? Treibt sich auf der Straße rum und macht seine Mutter schlecht. Ich hätte meine Jungs ja mit in diese Wohnung genommen, aber dann hätten sie sich zu dritt ein Zimmer teilen müssen. Mein Lebensgefährte und ich hätten dann eben im Wohnzimmer geschlafen, jedenfalls so lange, bis wir zusammen eine größere Wohnung gefunden hätten. Doch das wollten die Herrschaften ja nicht."

„Ich verstehe nicht, warum Sie nicht mit Ihren Kindern und Ihrem Lebensgefährten in **Ihrer** Wohnung zusammenwohnen? Sie haben dort vier große Zimmer, eine Küche und ein Bad."

„Wegen der Kachelöfen, die man einzeln beheizen muss. Jeden Tag muss man die Kohlen hoch schleppen und dann dauert es eine Ewigkeit, bis es einigermaßen warm wird in den hohen Räumen. Hier habe ich wenigstens eine Zentralheizung."

„Und Ihre Kinder?" Ich konnte kaum fassen, was ich da hörte.

„Die sind doch kaum zu Hause, und wenn es kalt wird, laufe ich schnell rüber und heize den Ofen im Wohnzimmer an, damit sie fernsehen können. Nachlegen können sie selbst. So klein sind sie ja nun auch nicht mehr."

Diese letzte Äußerung verschlug mir fast die Sprache! „Sie sind nicht einmal zehn Jahre alt! Wenn Sie sich nicht ab sofort und zwar jeden Tag und jede Nacht um Ihre Kinder kümmern, egal wie Sie das anstellen, werde ich Ihnen das Sorgerecht entziehen lassen, das dann möglicherweise dem Vater der Kinder zugesprochen wird."

Die Mutter lachte verächtlich. „Vater? Ein Vater war der nie. Alexander ist der einzige, der sich vielleicht noch an ihn erinnert. Der war doch ständig auf Achse, hatte andere Weiber. Seine Kinder interessierten ihn nicht. Vor ein paar Jahren soll er gestorben sein, das hat man mir jedenfalls erzählt. Aber wer weiß, vielleicht treibt er sich woanders herum."

„Waren Sie mit dem Mann verheiratet?"

„Zum Glück nicht."

(Ich atmete innerlich erleichtert auf. Bei ehelich geborenen Kindern wäre das Familiengericht zuständig, das sich bei Eingriffen in die elterliche Sorge meistens äußerst schwer tat und somit oftmals das Leid der Kinder unnötig verlängerte.)

„Ich erwarte Sie also morgen um fünfzehn Uhr in Ihrer Wohnung und hoffe sehr, dann auch die Kinder anzutreffen."

Als ich das Haus verließ, wartete ein schmächtiger, ungepflegter Mann offensichtlich sehnsüchtig auf mein Verschwinden. Durch die Plastiktüte, die er neben sich gestellt hatte, zeichneten sich deutlich die Abdrücke von Getränkedosen ab. Coca Cola-Dosen waren es gewiss nicht, auch nicht die Zigaretten, die der Lebensgefährte angeblich besorgen wollte.

Noch am gleichen Tag suchte ich die Nachbarn auf, denn Alexander hatte mir versichert, dass seine Brüder niemals zum Mittag oder Abendessen zur Mutter gehen würden. Nachbarn zu befragen, widerstrebte mir, aber manchmal blieb eben keine andere Lösung übrig.

Bei Nachbarn gibt es gravierende Unterschiede, was die Qualität ihrer Äußerungen betrifft, und man kann leider nicht immer alles glauben, was erzählt wird. Doch wenn man lange in ein und demselben Bezirk arbeitet, lernt man seine ‚Pappenheimer' kennen.

Ich läutete zunächst bei der Nachbarin, von der ich am meisten zu erfahren hoffte. Eine gemütliche, füllige Frau öffnete mir und wir unterhielten uns im Treppenhaus. Diskretion war mir in diesem Augenblick unwichtig, und schon bald gesellten sich andere Hausbewohnerinnen, ebenfalls mit Kittelschürzen gekleidet gesellig dazu.

Nachdem ich alle Übertreibungen und Untertreibungen gegeneinander aufgerechnet hatte, ergab sich folgendes Bild und manche Schilderungen rührten mich - fast- wieder zu Tränen.

„Kohlen haben sie geschleppt, die Kleinen, nicht aus dem Keller hoch, sondern vom Kohlefritzen aus der Meyerstraße, is' ne ganze Ecke weg von hier. Jede Wochen einen Packen und Holz zum Anheizen. War bisschen wenig für so'ne große Wohnung. Aber sie wollten sich ja nicht helfen lassen. Die Mutter sei krank, haben sie behauptet. Aber wir haben schnell gewusst, dass da was nicht stimmt. So krank konnt' sie ja nich' sein, dass sie nich' mal für fünf Minuten vor die Tür konnte, und wenn doch, hätt' sie ins Krankenhaus gehört. Wir wollten schon die Polizei benachrichtigen, aber dann kam sie eines Tages angewackelt, ganz auf Dame, aber mit zwei Plastiktüten von ‚Wulle' (Woolworth) in der Hand. Wahrscheinlich hat sie den Jungs paar neue Unterhosen und Socken gekauft. Aber die hätten besser lange Hosen gebraucht, denn die alten fielen ihnen ja fast schon vom Körper. Jedes Wochenende haben sie ihre Jeans geschrubbt mit Kernseife und kaltem Wasser, damit sie bis Montag wieder was zum Anziehen hatten."

„Und woher wissen Sie das alles?"

„Weil die Jungs uns das anvertraut hatten, als sie morgens plötzlich Brötchen an der Imbissbude gekauft haben und wir sie fragten, warum ihnen ihre Mutter nicht ne ordentliche Stulle macht für die Schule. Und dann hat der Kleine angefangen zu flennen, der Größere ist ja sehr verschlossen. Ja, und dann haben sie uns eben alles erzählt."

„Aber Alexander, den Sie ja wahrscheinlich auch kennen, hat mir gesagt, sie hätten sich nur von Toastbrot ernährt?"

„Als das mit den Brötchen losging, hatte sich der Knabe ja schon längst verdünnisiert. Doch die Kleinen hatten nichts zu futtern. Das konnten wir doch nicht länger mitmachen. Also haben wir sie danach mit Brötchen versorgt, und abends kriegten sie auch mal eine übrig gebliebene Bockwurscht oder so was Ähnliches, was eben gerade da war."

„Und warum kam niemand von Ihnen auf die Idee, das Jugendamt zu benachrichtigen? Wir sind dazu da, um Kindern zu helfen."

„Jugendamt? Die stecken doch die Kinder nur ins Heim, und das wollten die Jungs nicht. Sie haben uns regelrecht angefleht, nichts zu verraten. Die Jungs haben uns einfach leid getan, und in der Not hält man eben zusammen.“

„Die Mutter behauptet, sie würde regelmäßig nach den Kindern sehen?“

„Die? Die haben wir seit der Aktion mit den Plastiktüten nicht mehr hier gesehen. Das ist keine Mutter. So einer sollte man sofort die Kinder wegnehmen.“

„Sie können sicher sein, dass wir uns um die Kinder kümmern. Alles Weitere wird sich dann zeigen. Aber ich danke Ihnen für Ihre Mithilfe. Schade nur, dass sie sich nicht schon vorher an uns, das Jugendamt, gewendet haben.“

„Wir wussten ja nicht, dass da so nette Damen wie Sie arbeiten.“

„Im Jugendamt arbeiten nur nette Damen … und Herren.“ (Was so nicht *ganz* stimmte, aber das brauchten sie nicht zu wissen.)

Am nächsten Tag war die Mutter natürlich zum verabredeten Termin nicht zugegen – ich hatte es eigentlich nicht anders erwartet – und auch die Kinder bekam ich nicht zu Gesicht. Und obwohl es widersinnig erschien, gab ich der Mutter für den nächsten Tag eine letzte Chance. Sie erschien wieder nicht, ich aber war zehn Minuten später bei der Rechtsantragsstelle des Vormundschaftsgerichtes. Von der Wohnung der Mutter waren es nur wenige Schritte. Wieder brauchte es eine Stunde, um meinen mündlich vorgetragenen Antrag in die Schreibmaschine zu tippen. Eine weitere Stunde später erhielt ich den Beschluss einer vorläufigen Anordnung auf Entzug des Sorgerechtes für Alexander, Christian und Stefan. Dieser Beschluss würde der Mutter am nächsten Morgen zugestellt werden.

Obwohl ich nicht davon ausging, die Kinder so ohne Weiteres davon überzeugen zu können, vorläufig in einem Heim leben zu müssen, brauchte ich Heimplätze und wandte mich wieder vertrauensvoll an das Diakonissenheim im Norden Berlins. Eigentlich wurden dort nur Kleinkinder untergebracht, aber in letzter Zeit erklärten sie sich auch bereit, ältere Kinder aufzunehmen. Ich bevorzugte dieses Heim speziell für Kinder, deren Zukunftsplanung noch offen war. Außerdem wurden die Kinder hier von der ersten Minute an liebevoll aufgenommen und rund um die Uhr von den gleichen Personen, in diesem Fall von schwarz gekleideten Schwestern, betreut. Die Trachten der Schwestern waren für viele Kinder, die ich dort unterbrachte, zunächst befremdlich, bald aber alltäglich. Feierabend oder Schichtwechsel, wie in anderen Heimen, gab es hier nicht. Die Schwestern waren für die kleinen und großen Nöte ihrer Schützlinge jederzeit ansprechbar. Dieses kirchliche Heim lag in einem herrlichen großen Garten mit vielen Spielmöglichkeiten, einem Schwimmbad und einem eigenen Kindergarten.

Zu den angrenzenden Grundschulen bestand ein guter Kontakt und kein Kind wurde, weil es in diesem Heim lebte, von den Mitschülern ausgegrenzt.

Schwester Elisa sicherte mir die Plätze zu, und so machte ich mich, wieder an einem dunklen Winterabend, auf den Weg, um die Kinder zu holen. Ein schwerer Gang. Dieses Mal begleitete mich eine Kollegin, die das Auto fahren würde.

Schweren Herzens stieg ich die drei Treppen empor, die zu der Wohnung der Kinder führte. Nachhaltig klopfte ich an der Tür und bat darum, mir zu öffnen. Aber es blieb still. Unverrichteter Dinge wollte ich schon wieder gehen (ich hätte dann eben doch einen Gerichtsvollzieher bemühen müssen), als plötzlich der ältere der beiden Jungen hinter mir, eine halbe Treppe, tiefer auftauchte. Er hielt sich den Finger vor den Mund und winkte mich zu sich herunter.

„Bleiben Sie hier stehen“, flüsterte er mir zu, „er soll Sie nicht sehen. Aber ich krieg’ meinen Bruder da schon raus.“

„Du weißt, warum ich hier bin?“

„Weil wir ins Heim müssen. Ich sag’ Ihnen Bescheid, wenn Sie kommen können.“ Der Junge wirkte so erschreckend erwachsen.

Ich blieb dort stehen, wohin mich Stefan geordert hatte, eine halbe Treppe tiefer, und wartete, eigentlich ziemlich erwartungslos. Oben hörte ich Stefans wispernde Stimme, mit der er auf seinen Bruder einredete,

Nach einer Ewigkeit winkte er mir zu.

„Sie können jetzt kommen.“

Ich stieg die wenigen Stufen wieder empor und stand vor der verschlossenen Tür.

„Christian, mach’ jetzt auf“, rief Stefan seinem Bruder zu.

Die Tür öffnete sich, und ein völlig verzweifelter kleiner Junge fiel mir weinend in die Arme. Ich strich ihm behutsam über seine strohigen blonden Haare und hielt ihn minutenlang einfach nur fest, während er bitterlich schluchzte.

Aus den Augenwinkeln sah ich den nur ein Jahr älteren Bruder, der sich die Tränen aus den Augen wischte.

Diesen Augenblick werde ich nie mehr vergessen!

Christians Tränen versiegten schnell, und auf der Fahrt durch das dunkle Berlin auf dem Weg ins Kinderheim plapperte er schon wieder munter drauf los.

Der Mutter wurde wenig später die gesamte elterliche Sorge für ihre drei Söhne entzogen. Das Besuchsrecht, das ihr eingeräumt wurde, nahm sie nie wahr.

Die beiden Jungen lebten sich überraschend schnell in ihre neue Umgebung ein und genossen es, rund um die Uhr versorgt zu werden. Zwei Jahre lang lebten sie bei den Diakonissinnen, bekamen regelmäßig Besuch von einer Tante (ich glaube, es war die Schwester des Vaters), die die Jungen dann – gemeinsam mit ihrem Mann – zu sich nahm. Ich lernte das Ehepaar kennen, kurz bevor die Kinder zu ihnen übersiedelten, einfache, schlichte Menschen, aber mit einem großen Herzen.

Auch Alexander war, nach langen Überredungskünsten schließlich einverstanden, ebenfalls in einem Heim untergebracht zu werden, doch er bestand darauf, in der näheren Umgebung seines alten Umfeldes zu bleiben, was ihm ermöglicht werden konnte. Er besuchte wieder die Schule und begann eine Lehre beim Gartenbauamt. Im Alter von siebzehn Jahren zog er in eine vom Jugendamt betreute eigene Wohnung.

Zwei Jahre später traf ich ihn zufällig vor dem Rathaus, als er dabei war, die Blumenkübel neu zu bepflanzen. Groß und stämmig stand er vor mir, ich hätte ihn kaum wieder erkannt, und lächelte mich vertraut an. „Ich bin verlobt", antwortete er auf meine Frage, wie es ihm gehe, „und wir bekommen bald ein Baby."

„Und du schaffst das?", fragte ich, „ich meine finanziell und überhaupt?"

„Klar doch, ich habe doch eine feste Anstellung, und die Eltern meiner Kleinen sind schwer in Ordnung. Sie freuen sich auf das Kind und werden uns unterstützen."

„Dann wünsche ich dir, ich meine euch, viel Glück."

„Aber weil ich Sie gerade treffe. Meine Alte ist wieder schwanger. Man sollte ihr das Kind sofort wegnehmen oder ihr gar nicht erst geben. Bestimmt ist es sogar behindert, würde mich zumindest nicht wundern bei dem, was sie sie so am Tag in sich hineinschüttet."

„Und woher weißt du das alles?"

„Ich komme eben rum im Bezirk."

Wieder einmal sorgte sich Alexander um seine Geschwister, selbst wenn sie noch nicht einmal geboren waren.

Ich gab diese Informationen an die nun zuständige Kollegin weiter. Das Kind kam wenige Wochen später zur Welt und wurde direkt vom Krankenhaus aus an eine Adoptionspflegestelle vermittelt.

Die Mutter unternahm keinen Versuch, dieses Kind behalten zu können.

Mein erster Arbeitstag im Jugendamt

August 1980:

Ich sitze allein in einem kahlen Büro, das eigentlich für zwei Mitarbeiterinnen ausgestattet ist, und weiß nicht so recht, was ich hier soll. Ich hatte mich nicht um diese Stelle gerissen, sie aber bekommen, weil kurz zuvor sieben Mitarbeiter/Innen aufgrund einer internen Unstimmigkeit gleichzeitig gekündigt hatten.

(Diese Stelle hatte mir das Arbeitsamt vermittelt, und obwohl ich ehrlicherweise zugab, von verwaltungstechnischen Dingen keine Ahnung zu haben, nahm man mich trotzdem.)

Das Büro, das der Amtsleiter mir als meinen Arbeitsplatz zuweist, ist mehr als aufgeräumt und übersichtlich: Es gibt zwei parallel zur Tür und dem Fenster aufgestellte Schreibtische mit jeweils einem vierbeinigem Drehstuhl davor, zwei Holzstühle neben den Tischen, rechts vorne einen großen Schrank, in dem, wie ich später feststelle, die Akten aufbewahrt werden, und daneben ein Waschbecken.

Links auf dem leeren Schreibtisch liegt in einem Ablagekörbchen ein handgeschriebener Zettel: fünf Namen, fünf Anweisungen, vermutlich verfasst von meiner Vorgängerin. Ich lege den Zettel, mit dem ich nichts anfangen kann, zurück in den Korb und untersuche den Inhalt der Schreibtischschubladen. Unmengen von unsortierten Vordrucken springen mir entgegen. Den einen oder anderen nehme ich zur Hand, aber ich verstehe nichts! Noch nicht! In der rechten Schublade liegen mindestens zwanzig Stifte, Bleistifte, aber auch blaue und rote Buntstifte. Da ich mich mittlerweile zu Tode langweile, spitze ich die Stifte an. Mir fällt das Telefon ins Auge. Ob man hier telefonieren kann? Ich wähle die Telefonnummer meines Mannes, der sich tatsächlich meldet. Als ich seine Frage beantworte, was ich gerade tue, lacht er sich halb krank. ‚Bleistifte anspitzen?'

Gegen Mittag schleicht sich vorsichtig ein Mitarbeiter in ‚mein' Büro und fragt, ob ich mit ihm essen gehen würde. Froh, überhaupt einen Menschen zu sehen, stimme ich freudig zu. Die Kantine, in die er mich dann wenig später führt, ist laut und ziemlich unansehnlich, aber ich freue mich trotzdem auf eine Unterhaltung. Doch daraus wird leider nichts, denn mein Gegenüber spricht, während wir die wenig schmackhafte Mahlzeit zu uns nehmen so leise, dass ich kein Wort verstehe, auch nicht, wenn ich mich fast über den ganzen Tisch zu ihm herüber beuge, was mir schon beinahe peinlich wird.

Nach dieser wenig erbaulichen Mittagspause wende ich mich wieder den Vordrucken zu, in der Hoffnung, so vielleicht einen Einblick in die Sozialarbeit des Jugendamtes zu gewinnen. Nie wollte ich eigentlich in einem Büro arbeiten, war Sozialpädagogin geworden, um Menschen direkt und vor Ort zu helfen, aber diese Seite dieses Berufes hatte ich ja bereits ausgiebig kennen gelernt, warum nicht das Ganze mal vom Schreibtisch aus betrachten?

Gerade bin ich dabei, aus dem unsortierten Haufen von Vordrucken kleine Stapel zu bilden, als das Telefon klingelte! Davor hatte ich mich den ganzen Tag über gefürchtet. Meine Stimme zittert, als ich mich ordentlich melde.

Die Frau am anderen Ende der Leitung scheint meine Unsicherheit nicht zu bemerken.

„Sie müssen sich sofort um meine Enkeltochter kümmern!“, schreit sie in den Hörer.

Mein erster Fall!

Der Frau schien es gut zu tun, sich ihre Sorgen von der Seele zu reden und mir tat es gut, jemandem zuhören zu können, hatte ich doch so gut wie mit keinem Menschen an diesem Tag gesprochen.

Ich hörte ihr lange zu, manchmal weinte sie, dann wieder beschimpfte sie in nicht wiederzugebenden Worten auf ihre Tochter. Am Ende ließ ich mir ihre Telefonnummer geben und versprach, mich sofort wieder bei ihr zu melden, sobald ich mich mit meinen Kolleginnen verständigt hätte.

Mit dem Zettel, auf dem die Telefonnummer der Großmutter stand, suchte ich meine Gruppenleiterin auf, meine unmittelbare Vorgesetzte, und berichtete ihr von diesem Telefonat.

„Die Oma sagte, ihre Enkeltochter sei fast jeden Nacht allein in der Wohnung, weil die Mutter dann ‚um die Häuser ziehe'. Tagsüber müsse sie dann ihren Rausch ausschlafen. Die erst fünfjährige Tatjana sei aber sehr aufgeweckt und würde sich morgens allein auf dem Weg zum Kindergarten machen, das seien fast eineinhalb Kilometer bis dort, und nachmittags gehe sie auch allein wieder nach Hause. Sie, die Großmutter, habe schon versucht, mit den Erzieherinnen des Kindergartens zu sprechen, aber die hätten ein Gespräch verweigert. Die Mutter habe es angeblich verboten."

„Das haben Sie gut gemacht", lobte mich meine Gruppenleiterin überschwänglich. Dann schreiben Sie jetzt bitte einen Vermerk, und dann machen wir uns in einer halben Stunde auf den Weg."

Einen Vermerk schreiben? Was war das denn?

Ich erfuhr - nachhaltiges Nachfragen war mir ja erlaubt worden - dass ich lediglich den Inhalt des Telefonates zu Papier bringen müsste, was mir nicht schwer fiel. Die erste Lektion hatte ich also schon einmal gelernt.

Die zweite folgte auf dem Fuße. Mit meiner Gruppenleiterin machte ich mich - –zwei Stationen mit dem Bus, dieser Fahrt folgte ein zwanzigminütiger, strammer Fußmarsch – auf den Weg in meinen Betreuungsbezirk. Meine doch wesentlich ältere Vorgesetzte stampfte mir voraus mit großen Schritten schnurstracks in die dritte Etage (drei, besser gesagt sechs Treppen), während ich ihr nur langsam, nach Luft schnappend, folgen konnte.

Die kleine, drahtige Frau blieb vor einer verwitterten Tür stehen und machte sich gar nicht erst die Mühe, nach einer Klingel zu suchen. Mit den Fingerknöcheln klopfte sie hart gegen die Tür. In der Wohnung rührte sich nichts. Die Frau klopfte erneut, dieses Mal so laut, dass die gesamte Nachbarschaft hätte aufgeschreckt werden müssen, aber alle Türen blieben verschlossen.

Für meine dritte Lektion an diesem Tag raffte meine Vorgesetzte ihren wadenlangen Rock, hockte sich auf die Knie und spähte durch den Briefkastenschlitz, der ihr einen kleinen Einblick in die Wohnung eröffnete.

„Sie scheint in der Tat nicht zu Hause zu sein“, befand die Oberfamilienfürsorgerin.“

Ich schwor mir in diesem Augenblick, diese Art von Observation niemals anwenden zu wollen, aber ein- oder zweimal habe ich es später doch getan.

Auf dem Rückweg zu unserer Dienststelle bekam ich die Anweisung, am nächsten Tag einen Antrag auf Entzug des Aufenthaltsbestimmungsrechtes zu schreiben.

„Diese Familie ist uns schon seit langem bekannt“, erfuhr ich. „Sie brauchen sich nur die Akte durchzulesen. Dort finden Sie genug Material, um den Antrag zu begründen. Am besten ist, Sie beantragen gleich eine einstweilige Verfügung.“

Genau das hatte ich von der Arbeit des Jugendamtes erwartet! Kaum lief etwas schief, wurden den Eltern die Kinder entzogen. So etwas wollte ich nicht! Denn damals war ich noch der festen Überzeugung, ein schlechtes Elternhaus sei immer noch besser als das beste Heim.

Aber nun saß ich eben auf der anderen Seite, die mich gleichzeitig neugierig machte.

Nach kurzer Suche fand ich die Betreuungsakte dieser Familie - die nur aus Mutter und Kind bestand - in dem unscheinbaren Schrank neben dem Waschbecken und las mich fest. Ich las, wie meine Vorgängerinnen schon versucht hatten, der Mutter zu helfen, las von den vielen Hausbesuchen, den Gesprächen mit der Mutter und auch den Drohungen, ihr das Kind zu nehmen, sollte sie sich nicht zukünftig verantwortungsvoll um Tatjana kümmern. Sie hatte es nicht getan, denn sie war vermutlich sehr krank, alkoholkrank. Vielleicht musste ich doch umdenken?

Den Antrag zu formulieren gestaltete sich leichter, als ich gedacht hatte. Es gab genügend vergleichbare Fälle. Gegen 17.00 Uhr war ich endlich fertig und wollte ihn meiner Amtsleiterin präsentieren, aber ihre Tür war verschlossen. Überhaupt herrschte auf dem Flur eine merkwürdige Ruhe. Ich ging zunächst in mein Büro zurück, räumte den Schreibtisch auf und langweilte mich. Während ich aus dem Fenster des Rathausvorplatzes schaute, fing ich an zu rechnen: Um 9.00 Uhr war ich gekommen, acht Stunden betrug die Arbeitszeit plus vierundzwanzig Minuten Pause. Jetzt war es bereits 17.30 Uhr. Rein rechnerisch war ich also schon sechs Minuten zu lange im Dienst. Und ich hätte dieser ungastlichen Stätte also gern für heute den Rücken gekehrt. Also schlich ich wieder auf den Flur ..., klinkte an jeder Tür ... alle waren verschlossen, bis auf eine! Ich klopfte an, drückte die Klinke, die Tür öffnete sich und vor mir stand mein ‚Gesprächspartner' vom Mittagessen.

„Entschuldigen Sie, können Sie mir bitte sagen, wann hier Feierabend ist?"

Ich habe diesen Mann nie wieder so lachen hören, wie in diesem Moment.

„Hat man Ihnen nicht gesagt, dass wir hier Gleitzeit haben? Sie hätten schon um 15.00 Uhr gehen können. Sie müssen also bis 9.00 Uhr morgens hier sein, können ab 15.00 Uhr Feierabend machen, nur im Laufe der Woche sollte dann schon die vorgeschriebene Zeit gearbeitet werden. Donnerstags beginnt die Gleitzeit um 12.00 Uhr und endet um 18.00 Uhr, wegen der Spätsprechstunde. Übrigens, Kolleginnen und Kollegen klopfen nicht an, wenn sie ein anderes Zimmer betreten. Nur die Klienten klopfen an."

Ich bedankte mich für die freundlichen Informationen, obwohl ich innerlich vor Wut kochte. Das hätte man mir ja wirklich sagen können, bevor ich mich so blamieren musste.

Im Fahrstuhl traf ich meinen Kollegen wieder.

„Na dann wünsche ich Ihnen einen schönen Feierabend", murmelte ich.

„Ebenfalls, aber eigentlich duzen wir uns hier fast alle."

Nachdem ich nun auch Lektion vier und fünf gelernt hatte, ging ich am nächsten Tag mit größerer Zuversicht zum Dienst (ein schreckliches Wort).

Mein am Tag zuvor formulierter Antrag auf Entzug des Aufenthaltsbestimmungsrechtes für Tatjana wurde von meiner Vorgesetzten für gut befunden. „Jetzt diktieren sie ihn und geben ihn in die Kanzlei“, war ihr Auftrag, „und machen Sie es ein bisschen eilig, der Antrag soll heute noch zum Gericht.“

Wem sollte ich diktieren und in welche *Kanzlei* geben? Ich arbeitete doch nicht bei einem Anwalt mit eigener Sekretärin? Wieder stand ich ziemlich dumm da. Des Rätsels Lösung bestand in einem ziemlich vorsintflutlichen Diktiergerät, deren Benutzung ich mindestens in den ersten fünf Jahren meiner Tätigkeit beim Jugendamt ablehnte, sondern lieber alles mit leserlicher Schrift verfasste, so dass es die Damen aus der Kanzlei problemlos abtippen konnten.

In der Kanzlei war man zwar nicht glücklich über mein handschriftliches Konzept, aber zwei Stunden später konnte ich mir meinen Antrag, feinsäuberlich mit der Maschine geschrieben, abholen, in vierfacher Ausfertigung, von denen eine, die so genannte Verfügung noch den gesamten Dienstweg durchlaufen musste.

„Wo haben Sie denn die Akte?“, fragte mich meine Gruppenleiterin, als ich ihr mit einem gewissen Stolz das Ergebnis meiner Arbeit präsentierte. „Sie müssen doch die Verfügung erst in die Akte einheften, bevor sie den Vorgang vorlegen können und dann noch Ihr Kürzel darunter setzen“, erklärte sie mir nachsichtig.

‚Verfügung, Vorgang, Kürzel’… Ich hatte keine Ahnung, was die Frau von mir wollte und bedauerte zum ersten Mal, keine Verwaltungsausbildung zu haben. Und andererseits wäre ich am liebsten sofort gegangen. An diese Bürokratie würde ich mich niemals gewöhnen können. (Damals ahnte ich noch nicht, dass alles noch viel schlimmer kommen würde.)

„Ein Kürzel ist eine Abkürzung Ihres Nachnamens“, erklärte sie mir, als ich sie ziemlich ratlos anschaute. „Denken Sie sich einfach eines aus.“ Ich entschied mich für das Kürzel ‚eic‘, die ersten drei Buchstaben meines Nachnamen, das ich in die rechte untere Ecke der Verfügung kritzelte. Darüber setzte meine Gruppenleiterin ihr Kürzel. Der Amtsleiter, als der nächst höhere in der Hierarchie, telefonierte, als ich ihm die nunmehr korrekte Akte vorlegte. Als er nach Ewigkeiten das Telefonat beendete, lächelte er mich wohlwollend an und las erneut meinen Antrag, bevor auch er sein Kürzel darunter setzte.

„Na sehen Sie. Kaum sind Sie zwei Tage im Dienst, und schon bringen Sie so eine gute Leistung. Ich wusste doch, dass es eine gute Entscheidung war, Sie einzustellen." Wenn der wüsste, dachte ich, wie wenig mir es gefiel, Sozialarbeit vom Schreibtisch aus zu betreiben.

Zu guter letzt musste der Referent, der oberste Chef, der eine Etage tiefer residierte, das ganze Schriftstück mit seiner eigenhändigen Unterschrift besiegeln.

„Sie haben noch nicht das Einverständnis der Amtsvormundschaft eingeholt", herrschte mich der Referent an, als ich nervös mit meiner Akte vor ihm in seinem Luxusbüro stand, das mit Teppichboden und Ledersesseln ausgestattet war.

„Das hat man mir nicht gesagt", stammelte ich.

„Ist ja nicht so schlimm", erklärte mir der dickleibige Mann hinter seinem Echtholzschreibtisch. „Zwei Türen weiter sitzt Herr K., der dürfte für diesen Fall zuständig sein."

Eingeschüchtert klopfte ich bei Herrn K. an die Tür. Der war doch kein Kollege, bei dem ich so ohne weiteres eintreten konnte, oder machte ich wieder etwas falsch? Da niemand ‚herein' rief, drückte ich die Klinke herunter und betrat den Raum. Es roch streng in diesem Büro, nach abgestandener Luft und altem Papier. In den offenen Regalen, dem Schreibtisch und auf dem Boden türmten sich Aktenberge, aber der Amtsvormund schien zu schlafen.

„Entschuldigung", räusperte ich mich, „aber ich soll mir von Ihnen eine Einverständniserklärung unterschreiben lassen." Herr K. wirkte erschrocken, richtete sich aber sofort kerzengerade auf, als er mich wahrgenommen hatte.

„Na dann zeigen Sie mir mal, was sie da haben", eröffnete er das Gespräch väterlich und wies auf einen Stuhl ihm gegenüber, auf dem ich Platz nehmen sollte. Ich reichte ihm meine Akte, die er umständlich durchblätterte. Zwischendurch schien er immer wieder einzuschlafen. Die Zeit verrann und ich wurde langsam nervös.

„Sie brauchen nur zu unterschreiben", sagte ich, in dem Versuch, ihn zur Eile anzutreiben.

„Ja, dann lassen Sie mal den Vorgang hier, damit ich ihn mir in Ruhe durchlesen kann." Erst jetzt sah ich seine rotgeränderten Augen. Der Mann war betrunken!

Das erklärte auch diesen widerlichen Geruch.

„Aber ich soll heute noch zum Vormundschaftsgericht gehen", erklärte ich kläglich.

Als ich schließlich mit der Unterschrift des Amtsvormundes dessen Büro verließ wurde mir beinahe schlecht: Einem offensichtlich alkoholkranken Mann sollte zukünftig die Vormundschaft für ein Kind übertragen werden, da dessen Mutter, die ebenfalls alkoholkrank war, die elterliche Sorge entzogen werden würde. Wäre ich damals nicht so neu in diesem Geschäft gewesen, hätte ich aufbegehrt. So aber war ich nur froh, endlich alle Formalitäten erledigt zu haben.

Das Vormundschaftsgericht, an das dieser Antrag gerichtet war, befand sich in unmittelbarer Nähe zur Wohnung der Mutter. Bevor ich in das wenig imposante, aber alte Gebäude eintrat, zögerte ich noch einen kleinen Moment. Hatte die Mutter nicht noch eine letzte Chance verdient? Es würde nur ein paar Minuten dauern, ich könnte zu ihr gehen, vielleicht wäre sie jetzt zu Hause, vielleicht wäre sie bereit, sich helfen zu lassen, vielleicht würde sie mir vertrauen, mich kannte sie ja noch nicht! Der Moment ging vorüber, und als ich die schwere Eingangstür aufdrückte und in der Eingangshalle des Gerichtes stand, wusste ich, dass auch ich der Frau nicht mehr helfen konnte.

Wie mir zuvor erklärt worden war, begab ich mich, nachdem ich mich bei einem Pförtner anmelden musste, zur Rechtsantragstelle. Zwei ältere Damen saßen vor fast ebenso alten Schreibmaschinen und sahen mich erwartungsvoll an. Mindestens eine von ihnen stank penetrant nach Alkohol. Das trifft sich ja ausgezeichnet, dachte ich, als ich einer der Damen meinen Antrag reichte, den sie nur kurz überflog, einen Vordruck(!) in die Maschine spannte und wild in die Tasten schlug. Die andere, unbeschäftigte Dame fragte mich in der Zwischenzeit teilnahmsvoll aus.

„Ist nicht leicht, so ein Kind aus der Familie zu nehmen, nicht? Wie alt ist denn der Kleine?“

„Es ist ein Mädchen und sie ist fünf“, antwortete ich wortkarg.

„Mir tun immer die Kinder leid. Sie können doch nichts dafür und werden trotzdem ins Heim gesteckt. Eigentlich müsste man doch die Eltern bestrafen, die dafür verantwortlich sind.“

Da musste ich ihr Recht geben.

„Wenn Sie hier bitte noch unterschreiben wollen“, meldete sich die andere Dame wieder zu Wort, nachdem sie das Formular formvollendet aus der Schreibmaschine gezogen und das Blaupapier entfernt hatte.

Zusammen mit meinem Antrag landete das Formular in einem dünnen Mäppchen.

„Ich werde das jetzt dem Richter vorlegen. Wenn Sie bitte freundlicherweise solange draußen Platz nehmen würden? Der Richter wird sich dann bei Ihnen melden.“

Ich nahm draußen Platz, auf einer alten abgewetzten Holzbank und wartete. Nach einer halben Stunde fragte ich den Pförtner, ob es möglich sei, irgendwo einen Kaffee zu erwerben, was er verneinte. Auf einem ebenso abgewetzten Holztisch stand eine Blechbüchse, die als Aschenbecher diente. Mein Magen knurrte erbärmlich, und ich sehnte mich nach der Kantine im Rathaus. Nach eineinhalb Stunden hatte ich mindestens fünf Zigaretten geraucht, alle Aushänge gelesen, in denen nach Erben gesucht wurde, und kannte die Namen der Personen, die demnächst gepfändet werden sollten. Hatte man mich vergessen? Bei diesem Gedanken öffnete sich die magische Tür der Rechtsantragsstelle.

„Der Richter wird - wie beantragt - entscheiden. Es wird jetzt nur noch der Beschluss formuliert werden. Das kann noch ein paar Minuten dauern“, erklärte mir die Dame, die inzwischen noch einen Schluck genommen haben musste, denn ihr Atem roch noch unangenehmer.

„Kann ich bei Ihnen telefonieren?“, fragte ich den Pförtner, „ich müsste bei meiner Dienststelle anrufen.“

„Da hinten im Gang gibt es einen Münzapparat“, antwortete er, und biss herzhaft in eine riesengroße, mit leckerer Salami belegte Graubrotschnitte. Und ich war so hungrig! Aber eine dicke Panzerglasscheibe stand zwischen uns, zwischen mir, dem Brot und dem Pförtner.

Der Münzautomat verlangte fünfzig Pfennigstücke, und wie es der Teufel manchmal so will, befand sich kein einziges in meinem Portemonnaie.

„Könnten Sie vielleicht wechseln?“, fragte ich den Pförtner, der sich gerade die Mundwinkel säuberte, seine ‚Stullendose’ ordentlich zusammenklappte, und zeigte ihm mein Kleingeld durch das Glas.

„Tut mir leid, ich hab’ kein Geld bei mir.“

„Aber ich muss dringend telefonieren!“

Schließlich ließ sich der Pförtner erweichen und reichte mir den Telefonhörer seines Diensttelefones durch die heruntergeklappte Sprechklappe.

„Welche Nummer?“

Ich informierte meine Gruppenleiterin vom Stand der Dinge.

„Gut, dann gehen Sie anschließend mit dem Beschluss in den Kindergarten“, ordnete sie an. „Tatjana wird noch dort sein. Sie können das Kind sofort mitnehmen. Das ist besser, als das Mädchen den Armen ihrer Mutter zu entreißen. Ich werde einen Dienstwagen anfordern, sollte der nicht kommen, müssten Sie sich ein Taxi nehmen. Haben sie Geld dabei? Sie bekommen es natürlich später zurück. Im Kinderheim habe ich bereits angerufen, man erwartet sie und das Kind.“

Meinen Hunger hatte ich längst vergessen, als ich mich mit dem folgenschweren Papier in meiner Tasche auf den schweren Weg zum Kindergarten machte.

„Ich muss heute Tatjana mitnehmen, hier, sehen sie, ich habe einen Gerichtsbeschluss", erklärte ich stammelnd der Kitaleiterin.

Die Leiterin griff wortlos zum Telefon und informierte mit knappen Worten die Gruppenerzieherin des Mädchens, die wenige Minuten später wutentbrannt ins Büro stürmte.

„Das können Sie doch nicht machen", herrschte sie mich an. „Sie können doch Tatjana nicht einfach ins Heim stecken? Warum hat man uns denn nicht gefragt? Eine von uns hätte das Mädchen sicher mit nach Hause genommen."

„So ein Kind kann man nicht einfach *so* mit nach Hause nehmen wie einen streunenden Hund", antwortete ich aufgebracht. „Außerdem waren Sie es doch, wie ich gelesen habe, die immer gejammert hat, dass sich das Jugendamt um das Mädchen kümmern solle. Nun hat es sich gekümmert, und das ist ihnen auch wieder nicht recht. Sie können sich ja um eine Pflegeerlaubnis für Tatjana bemühen, wenn Ihnen das Kind so am Herzen liegt."

„Ich könnte sie nicht nehmen, aber vielleicht eine von den anderen Kolleginnen", gab sie kleinlaut zu.

Der Dienstwagen stand pünktlich vor der Kindertagesstätte, eine vornehme, schwarze Karosse mit Chauffeur. Tatjana brauchte nicht lange überredet zu werden, um mir zu folgen. Auf der Fahrt fragte sie dem netten Fahrer Löcher in den Bauch, der bereitwillig antwortete.

Ich begleitete Tatjana bis in ihr zukünftiges Zimmer, das sie sich zwei weiteren Mädchen in ihrem Alter teilen würde. Ihr Bett, das die Schwestern bereits liebevoll für sie vorbereitet hatten, stand in der Nähe des Fensters. Zwei kleine Kuscheltiere lagen darauf und eine zusätzliche warme Decke.

Tatjana zog die Schuhe aus sprang ins Bett.

„Hier gefällt es mir", lachte sie strahlend.

Da der Dienstwagen nur höchstens fünf Minuten warten durfte, musste ich mich mit öffentlichen Verkehrsmitteln auf den Heimweg machen. Eineinhalb Stunden war ich unterwegs. Gegessen habe ich an diesem Tag nichts mehr.

Die Verhandlung vor dem Vormundschaftsgericht, nur eine Woche später, vor der ich mich so gefürchtet hatte, verlief glimpflich. Tatjanas Mutter, eine beinahe kindlich wirkende kleine zierliche Frau, saß wie ein Mäuschen vor dem Verhandlungssaal, als ich eintraf. Ich kannte sie nicht, hatte sie ja nie zuvor gesehen, aber als ich sie sah, so klein und ängstlich, tat sie mir unendlich leid. Dem Richter schien es ähnlich zu gehen, denn er ging äußerst behutsam mit ihr um. Schon nach wenigen Minuten willigte sie ein, der Heimunterbringung ihrer Tochter freiwillig zuzustimmen, gerichtliche Maßnahmen waren damit nicht mehr erforderlich. Einen entsprechenden Antrag auf Heimunterbringung für ihre Tochter unterschrieb sie am nächsten Tag bei mir im Büro.

„Wenn Sie wollen, können Sie Ihre Tochter im Kinderheim besuchen“, sagte ich zum Abschied.

„Die Kleine soll erstmal zur Ruhe kommen“, antwortete die Mutter. Ihr Gesicht war noch schmaler geworden. Vier Monate später fand man sie tot auf. Es war nicht mehr genau festzustellen, ob sie an einer Alkoholvergiftung oder an Unterkühlung gestorben war.

Tatjana sah ich noch oft. Jedes Mal, wenn ich in diesem Kinderheim war und sie mich entdeckte, lief sie auf mich zu und begrüßte mich so herzlich, als würden wir uns seit Ewigkeiten kennen. Diese Nähe war mir unheimlich. Als man zwei Jahre später Adoptiveltern für sie gefunden hatte, informierte mich das Heim.

„Möchten Sie sich von Tatjana verabschieden?“, wurde ich gefragt.

Den langen Weg nahm ich gerne auf mich. Tatjana lief mir strahlend entgegen und umarmte mich.

„Du bist die Frau, die mir damals geholfen hat.“

Da die Adoptionen, vermittelt durch die „Zentrale Adoptionsvermittlungsstelle“, fast ausnahmslos anonym erfolg(t)en, erfuhren wir natürlich nie wieder etwas von den Kindern, die wir mehr oder weniger dramatisch von ihren Eltern oder Familien trennen mussten. Manchmal fragte ich trotzdem noch einmal nach. Aber mehr als ein paar Sätze wie sie (oder er) hat sich schon gut eingelebt, erfuhr ich natürlich nicht.

Auch für die verwaisten Eltern, in der Regel allein erziehende Mütter, konnten wir nicht mehr viel tun, da sie nicht mehr in unseren Zuständigkeitsbereich fielen.

Allerdings informierten wir fast immer den ‚Sozialpsychiatrischen Dienst’, der sowohl eine eventuelle Suizidgefahr einschätzen hätten … können ... sollen …, als auch Hilfe anbieten bei der Bearbeitung eines Alkohol oder Drogenproblems oder anderer psychischer Störungen.

Nur eine tote Katze

Lange vor den Hartz-Zeiten lernte ich Frau H. kennen, eine junge Mutter Ende zwanzig, die am Anfang ihres Psychologiestudiums stand. Ihre Hochschulreife hatte sie auf dem zweiten Bildungsweg erworben und war kurz darauf schwanger geworden, von einem Mann, den sie danach nie wieder sah, allerdings auch keine Anstrengungen unternahm, mit ihm in Kontakt zu treten. Das Kind, ihre kleine Tochter Lena, genügte ihr. Kurz nachdem Lena das zweite Lebensjahr erreicht hatte, nahm Frau L. ihr Studium auf und erhielt Bafög, somit stand ihr keine Sozialhilfe zu (eine Regelung, die ich nie verstanden habe). Nur einmalige Beihilfen für die Tochter konnten ihr bewilligt werden.

Ich habe vergessen, was Frau H. damals beantragte und mich zu dem Hausbesuch bei ihr veranlasste. An die junge Mutter selbst kann ich mich dagegen noch sehr gut erinnern. Blass war sie, ungewöhnlich groß gewachsen und mager. Ihre graublauen Augen wirkten bei ihrem knochigen Gesicht ungewöhnlich groß.

Sie wirkte nervös, als sie mich in ihre Wohnung einließ. Es gab drei große, helle Räume, ein Zimmer für Lena, eines für die Mutter und eines für beide gemeinsam. Das spärliche Mobiliar verlieh der Wohnung eine besondere Atmosphäre.

„Die Möbel habe ich fast alle allein gebaut“, sagte die Mutter mit gewissem Stolz. „Ich habe eine Tischlerausbildung gemacht, bevor ich die Abendschule absolvierte.“

„Um diese Fertigkeiten sind Sie zu beneiden“, lobte ich die Mutter ehrlich anerkennend.

Aus der halben Stunde, die ich für diesen Besuch eingeplant hatte, wurden zwei Stunden, in denen mir die Mutter ihr ganzes verkorkstes Leben anvertraute wie einer Freundin, die ich nicht war und nicht sein durfte. Während des Gespräches sah ich ihre gelb gefärbten Finger, die nahezu unentwegt kleine Zigaretten aus dem Tabakbeutel drehten.

Diese Frau brauchte Hilfe.

Von nun an besuchte ich die Mutter regelmäßig.

Mit der Erziehung ihrer Tochter schien sie überfordert zu sein. Obwohl Lena gerade einmal zwei Jahre alt war, hatte sie ihre Mutter voll in der Hand.

„Sie müssen Ihrer Tochter Grenzen setzen, sonst verlieren Sie jede Autorität."

„Aber sie hat doch nur mich, und ich muss Vater und Mutter gleichzeitig sein."

Mir fiel auf, dass die Mutter zunehmend nervöser und unkonzentrierter wurde.

Irgendwann, ich war gerade in der Nähe, besuchte ich sie unangemeldet.

„Hier riecht es nach Haschisch", stellte ich unmittelbar fest, als ich die Wohnung betrat. „Rauchen Sie Haschisch?"

„Gelegentlich", gab die Mutter zu, „es hilft mir, mich zu entspannen."

Nur drei Monate später geriet Frau H. in ihre erste Psychose. Sie entzündete in ihrer Wohnung ein Feuer, um Geister zu vertreiben, von denen sie sich bedroht fühlte. Das Feuer konnte rechtzeitig gelöscht werden, Frau H. kam für viele Monate in die Psychiatrie und Lena in eine Pflegestelle. Als sich gesundheitlich stabilisiert zu haben schien, wurde ihr der Kontakt zu ihrer Tochter erlaubt. Immer öfter verlebte Lena die Wochenenden bei und mit ihrer Mutter.

Zwei Jahre später fühlte sich Frau H. gesund und stabil genug, ihre Tochter wieder auf Dauer zu sich nehmen zu können. Auch die Pflegeeltern, die mit der Mutter inzwischen einen beinahe freundschaftlichen Kontakt pflegten, waren der Überzeugung, dass die Mutter ihre Krise überwunden habe. Um ihre Eignung zusätzlich zu untermauern erschien sie mindestens zweiwöchentlich in meiner Sprechstunde. Auch wollte sie beweisen, kein Haschisch mehr zu rauchen, und gab regelmäßig Urinproben beim Gesundheitsamt ab. Alle Proben waren negativ und Lena wurde, trotz letzter Bedenken zur Mutter aus der Pflegestelle entlassen.

Wenige Wochen später verbrannte die Mutter in der Wohnung ihre Katze … die vom Teufel besessen gewesen sei – und hielt anschließend ihre Tochter über das Balkongitter, in der Absicht, sie fallen zu lassen, um sie vom Dämon zu befreien ...!

Eine Nachbarin bemerkte den Brandgeruch.

Lena konnte noch rechtzeitig gerettet werden.

Ärzte bestätigten, dass auch der Gebrauch von Haschisch zu Wahnvorstellungen und Halluzinationen führen könne.

Die Mutter räumte später ein, nur ungefähr ein halbes Jahr lang abstinent gelebt zu haben. Die ‚negativen' Urinproben habe sie sich von einer Freundin besorgt.

Frau H. unterzog sich einer mehrjährigen ambulanten Psychotherapie, hielt kontinuierlichen Kontakt zu Lena und bekam ihre Tochter schließlich zurück, unter Auflage, eine Familienhelferin zu akzeptieren.

Heimkinder oder Eltern auf Zeit

Pflege- und Adoptionsfamilien müssen sich besonderen Eignungsprüfungen unterziehen. Man könnte also davon ausgehen, dass die Kinder, die ihren Herkunftsfamilien entzogen worden sind, bei Fremdfamilien in besseren Verhältnissen unterkommen. Leider ist dies nicht immer der Fall. Es gibt auch hierzu spektakuläre Bespiele aus der früheren Vergangenheit und leider auch der jüngeren Vergangenheit.

Ohne den meisten Pflegefamilien zu nahe treten zu wollen, die oftmals Unglaubliches leisten, indem sie Kinder aus völlig gestörten Verhältnissen zu einem selbständigen Leben verhelfen, gibt es leider auch solche, die nur das Geld wittern, das ihnen für die Pflege der Kinder gezahlt wird. Manche Kinder, wenn auch wenige, kommen, wenn sie in einer Pflegefamilie untergebracht werden, sozusagen vom Regen in die Traufe. Nicht so selten trinken auch die Pflegeeltern oder misshandeln ihre Schutzbefohlenen.

Adoptiveltern ziehen keinen sonderlichen finanziellen Nutzen durch die Aufnahme eines Kindes, wenn man vom Kindergeld absieht. Trotzdem ist die Vermittlung eines Kindes in eine solche Familie nicht immer eine Garantie dafür, dem Kind, das seiner Herkunftsfamilie entzogen wurde, eine unbeschwerte Kindheit und Jugend zu garantieren. Auch hier gibt es immer wieder Fälle, die das Gegenteil beweisen.

Bleibt demnach für diese Kinder, denen man die eigene Familie nehmen musste, dann nur noch die Heimunterbringung? Man sollte davon ausgehen, Kinder seien in diesen staatlich überprüften Einrichtungen geschützt. Leider ist auch das nicht immer gewährleistet. Ich habe selbst erlebt, wie Kinder in einem Heim geschlagen wurden, damals war ich noch eine unerfahrene neunzehnjährige Praktikantin. Sich an die Heimleiterin zu wenden hätte nichts genutzt, denn die war schlimmer als alle anderen Erzieherinnen zusammen. Ich hatte selbst Angst vor ihr. Zwei Jahre später kehrte ich, nunmehr als ausgebildete Erzieherin für zehn Wochen als Schwangerschaftsvertretung in dieses Heim zurück. Die Zustände hatten sich zwar leicht verbessert, waren aber noch immer katastrophal. Aber ich bescherte den Kindern meiner Gruppe in der Zeit meiner befristeten Tätigkeit eine einigermaßen angenehme Zeit.

Das Heim wurde erst zehn Jahre später geschlossen.

Auch vor sexuellem Missbrauch sind Kinder in Heimen nicht unbedingt und immer geschützt. Ich habe entsprechende Beobachtungen gemacht, die darauf hindeuteten, aber ich wusste nicht, was ich hätte tun können, denn ich hätte einen Kollegen vielleicht zu Unrecht angeschwärzt. Damals war sexueller Missbrauch an Kindern noch ein absolutes Tabuthema und es gab keine Beratungsstellen für diese Problematik.

Also, was tut man mit den Kindern, die nicht mehr bei ihren Eltern leben können oder wollen, wenn ihnen bei neuen Eltern oder in Heimen das Gleiche geschehen kann wie in ihrer Herkunftsfamilie?

Es gibt keine Alternativen. Also ist die Zivilcourage derer gefordert, die mit diesen Kindern in Kontakt sind, auch wenn es möglicherweise darum geht, Mitarbeiter zu bezichtigen.

Heute würde ich mich trauen.

Verletzte Seelen

Seit meinem sechzehnten Lebensjahr hatte ich beruflich mit Kindern zu tun. Ich arbeitete in einem Kindererholungsheim, in Kindergärten, Kinderheimen und auf einem Abenteuerspielplatz, und lernte schon damals viele Kinderschicksale kennen, bevor ich Sozialarbeiterin im Jugendamt wurde. Viele von ihnen haben aufgrund ihrer Besonderheit einen nicht auslöschbaren Platz in meiner Erinnerung. Hier möchte ich nur zwei Kinder erwähnen, die ich näher kennen lernte.

Paul

Meine Bekanntschaft zu Paul war kurz, aber intensiv.

Der fünfjährige Junge war mit seinen Eltern in das gerade entstandene Neubauviertel gezogen, und die benötigte einige neue Einrichtungsgegenstände. Der Vater ging zwar einer Berufstätigkeit nach, sein Einkommen reichte aber nicht aus, um für den Unterhalt für seine Frau, die zwei gemeinsamen Kinder, Paul und seine zweijährigen Schwester Tanja, und sich selbst aufzukommen. Somit hatten sie Anspruch auf einmalige Leistungen.

Als ich in der Wohnung der Familie eintraf, um den Bedarf zu prüfen, schlug mir eine merkwürdige Kälte entgegen, die mich frösteln ließ. Die Kindesmutter, eine spröde, fünfundvierzigjährige Frau mit herben Gesicht und ergrauten Haaren bot mir keinen Platz an, sondern führte mich direkt ins Kinderzimmer, um mir zu zeigen, dass die Kinderbetten durch den Umzug unbrauchbar geworden waren. Außerdem beantragte die Mutter eine neue Sitzecke für die Küche. Während ich noch dabei war, mir Notizen zu machen und mich zu diesem Zweck sogar setzen durfte, kam der Vater nach Hause, der gerade die Kinder aus der Tagesstätte abgeholt hatte. Auch ihn sah ich an diesem Tag zum ersten Mal und war überrascht. Der Mann war nicht nur wesentlich kleiner als seine Frau, sondern auch erheblich jünger, ganze vierzehn Jahre.

Während die kleine Tanja auf den Schoß ihrer Mutter krabbelte und sich bei ihr anschmiegte, verschwand Paul, kaum dass ich ihn wahrgenommen hatte.

„Was macht der Junge jetzt?“, fragte ich die Mutter. „Er hat Sie ja noch nicht einmal begrüßt?“

„Paul braucht immer ein paar Minuten, bis er wieder zu Hause angekommen ist, und genießt dann seine Ruhe“, antwortete der Vater weich, „aber nach einer halben Stunde taut er wieder auf.“

„Ich würde ihm trotzdem gern guten Tag sagen.“

„Paul kann sehr wütend werden, wenn etwas nicht nach seiner Nase geht“, fuhr die Mutter dazwischen. „Sie können ja später noch mal kommen, wenn sie ihn unbedingt sehen wollen.“

Nach dieser Abfuhr bestand ich nun extra darauf, das Kind noch heute sehen zu wollen.

„Dann lassen wir dem Kind noch ein paar Minuten Zeit, und bis dahin könnten Sie mir noch ein paar Fragen beantworten. Wie ich aus ihrer Akte entnehme, die uns aus dem Bezirk zugesandt wurde, aus dem Sie zugezogen sind (die Übersendung von Akten wurde damals noch praktiziert) haben Sie noch zwei Kinder aus erster Ehe, Frau P.“, fragte ich bewusst sachlich, was sonst meiner Art, mit meinen Klienten umzugehen, nicht entsprach. „Ja, meine Töchter sind fünfzehn und siebzehn Jahre alt, aber um die brauchen Sie sich nicht zu kümmern. Die gehen schon ihren Weg.“

„Und dann soll es noch einen Bastian geben“, fragte ich weiter, „der in einer Pflegestelle lebt.“

„Das ist mein Sohn, aus *meiner* ersten Ehe“, räumte der Vater ein. „Bastian war schon immer ein schwieriges Kind, schon seit seiner Geburt. Niemand wurde mit ihm fertig, seine Mutter nicht, also meine Frau und ich nicht, und auch seine Pflegeeltern haben ihre Schwierigkeiten mit ihm.“

„Und haben Sie Kontakt zu Bastian? Besuchen Sie ihn manchmal?“

Einen Augenblick lang hatte ich das Gefühl, Tränen in den Augen des Mannes zu sehen.

„Wir haben mit dem Jugendamt, also dem Jugendamt, das vorher für uns zuständig war, besprochen, dass wir den Kontakt zu dem Jungen abbrechen. Es sei besser für das Kind. Bastian ist jetzt neun Jahre alt und lebt seit fünf Jahren in dieser Pflegefamilie. Ich werde ihn zur Adoption freigeben. Damit ist auch meine geschiedene Frau einverstanden."

„Der Junge war sogar schon mehrfach in einer psychiatrischen Anstalt", fügte Frau P. bissig hinzu. „Mit dem Kind stimmt irgendetwas nicht. Der hat was am Kopf."

„Sprich nicht so über Bastian. Er hat wahrscheinlich damals nur die Trennung von meiner ersten Frau und mir nicht verkraftet", protestierte Herr P. schwach.

„Auf jeden Fall ist der Junge nicht normal", schnauzte die Frau.

Wenn ich zuvor nur gefröstelt hatte, fror ich jetzt, obwohl draußen lauschige fünfundzwanzig Grad herrschten. Diese häusliche Atmosphäre wirkte mehr als eisig.

„Ich werde mich jetzt verabschieden und schaue nur noch kurz nach Paul. Das Kinderzimmer kenne ich ja bereits."

Paul hockte auf dem Boden und raste mit seinem Spielzeugauto über imaginäre Straßen. Er zuckte zusammen, als er mich erblickte, und seine Augen zuckten nervös.

„Hast du noch andere Autos?", fragte ich den schmächtigen Jungen und setzte mich zu ihm auf den Boden.

„Ja, eins, aber das ist kaputt. Die Räder sind ab."

„Womit spielst am liebsten?"

„Mit Lego".

„Legosteine sind toll. Wollen wir zusammen etwas bauen? Wo sind deine Legosteine?"

„Im Kindergarten."

„Und was spielst du noch gerne?"

„Puppenecke", war die knappe Antwort.

„Eine Puppenecke sehe ich hier nicht, aber du meinst bestimmt die aus dem Kindergarten. Doch, dort drüben steht ein Puppenhaus. Vielleicht könnten wir damit spielen."

„Das dürfen wir nicht. Das gehört meiner Schwester."

„Das ist sehr schade, aber ich komme bestimmt noch einmal wieder, und dann könnten wir vielleicht zu dritt spielen, deine Schwester, du und ich.“

Ich erhob mich mühsam aus meinem Schneidersitz und kam mir so riesig vor gegenüber dem kleinen Jungen.

„Kommst du wirklich wieder?“, fragte Paul und sah mich aus seinen großen blauen Augen an.

„Ja, das mache ich, aber es kann vielleicht ein Weilchen dauern.“

Paul senkte den Kopf und wandte sich wieder seinem Auto zu.

Schon am nächsten Tag sprach ich mit der Gruppenerzieherin der Kindertagesstätte, die Paul besuchte.

„Ich habe zwar keinen konkreten Verdacht, aber ich glaube, Paul fühlt sich bei seinen Eltern nicht wohl.“

„Das verstehe ich nicht. Die Familie lebt zwar nicht unbedingt in den besten finanziellen Verhältnissen, aber das ist doch kein Grund dafür, dass sie ihre Kinder schlecht behandeln“, reagierte die Erzieherin empört.

„Das habe ich ja so auch gar nicht gesagt. Ich habe nur ein ungutes Gefühl und möchte Sie bitten, auf den Jungen etwas mehr als üblich zu achten.“

Wenige Wochen später rief die Erzieherin aufgeregt bei mir an.

„Ich glaube, Sie hatten Recht. Bitte kommen Sie sofort zu uns.“

Paul saß zitternd im Raum der Kitaleiterin, aber sein Blick erhellte sich etwas, als er mich sah.

„Schauen Sie sich seine Beine an, die sind voller Blutergüsse. Wir haben es vorhin festgestellt, als wir mit den Kindern schwimmen waren. Die Ärztin vom Jugendgesundheitsdienst hat sich den Jungen auch schon angeschaut und ist sich ziemlich sicher, dass der Junge misshandelt worden ist.“

Das hatte ich befürchtet.

„Kann ich von hier telefonieren?“

Der Kindernotdienst war überfüllt, also rief ich ein Taxi und fuhr mit Paul in ein Kinderheim.

Als man dort den Jungen auszog, um ihn zu waschen und ins Bett zu bringen, bot sich den Betreuerinnen ein entsetzliches Bild. Der kleine, abgemagerte Körper war übersät von älteren und neueren Blutergüssen (ältere, wenn auch leichtere Knochenbrüche wurden später nachgewiesen).

Das Heim informierte sofort die Polizei, die wiederum die Staatsanwaltschaft einschaltete. Fotos im Großformat, von der Kripo aufgenommen, des misshandelten Kindes, die ich mit der Akte der Kripo anschließend zu Gesicht bekam, überstiegen alle meine – negativen – Erwartungen. Außer dem Gesicht waren alle Körperteile von den Misshandlungen betroffen, besonders der Rücken. Ohne den Erzieherinnen einen Vorwurf machen zu wollen, wird es mir ein Rätsel bleiben, warum nicht schon früher Hämatome an Pauls Körper entdeckt worden waren.

Die Staatsanwaltschaft leitete gegen die Eltern ein Ermittlungsverfahren wegen Kindesmisshandlung ein.

Nach mehreren Verhandlungstagen wurden die Eltern freigesprochen. Da beide die Aussage verweigert hatten, konnte ihnen nicht nachgewiesen werden, ***wer*** von ihnen die körperlichen Züchtigungen an dem Jungen vorgenommen hatte. Und Paul selbst war viel zu verschüchtert, um irgendeine Aussage zu treffen. Noch monatelang zuckte er zusammen, wenn jemand laut sprach oder andere Kinder sich stritten.

Trotz des Freispruches der Eltern brauchte Paul nicht in seine Familie zurückzukehren.

(Für die Vormundschafts- oder Familienrichter musste eine Tat nicht nachgewiesen, sondern lediglich glaubhaft gemacht worden zu sein, um über einen Sorgerechtsentzug zu entscheiden. In diesem Fall stand die Misshandlung des Kindes außer Frage. Die Täterschaft spielte für die Anordnung der Vormundschaft und Übertragung auf das Jugendamt keine Rolle mehr.)

Nunmehr konnte eine Pflegefamilie für den Jungen gesucht werden, und ich kam auf die Idee, die Pflegeeltern zu fragen, bei denen Pauls Halbbruder schon seit Jahren lebte. Trotz anfänglicher

Skepsis erklärten sie sich schließlich bereit, es mit dem Jungen zu versuchen.

Aufgrund eines personellen Engpasses begleitete ich Paul selbst in die Pflegefamilie in der Lüneburger Heide. Eine achtstündige Busfahrt stand uns bevor, aber ich war gut vorbereitet mit allerlei Spielzeug, Leckereien und Getränken. Doch kaum hatten wir gerade einmal die Grenzkontrollen passiert und rollten in die DDR hinein, fragte mich der Junge bereits, wann wir denn endlich da seien. Das konnte ja noch heiter werden! Mit den Kühen, die wir aus dem Fenster sahen und für Paul völlig fremde Wesen darstellten, konnte ich ihn noch eine Weile unterhalten, aber dann wurde ihm langweilig.

„Hast du einen Mann?“, fragte er mich unvermittelt.

„Ja, habe ich.“

„Kann der denn nicht mein Papa werden?“

Mir verschlug diese Frage sekundenlang die Sprache.

„Aber du möchtest doch auch mit deinem Bruder zusammen sein, oder? Und das geht nur, wenn Bastians Papa auch dein Papa wird.“

Paul fragte nicht weiter nach und irgendwann ging diese Reise vorüber.

Paul blieb nur wenige Wochen in dieser Pflegefamilie. Bastian akzeptierte seinen Bruder nicht und reagierte immer eifersüchtiger. Die Pflegeeltern entschieden sich dafür, sich von Paul zu trennen, um die viele Arbeit, die sie geleistet hatten, um Bastian zu stabilisieren, nicht zu zerstören. Aber sie fanden in der Nachbarschaft eine andere Familie, die bereit war, Paul bei sich aufzunehmen.

Bastian und Paul wurden zur Adoption freigegeben!

Tobias

Tobias‘ Mutter, eine einfache, junge Frau mit, sagen wir schlichtem Gemüt, war überall zu Hause, überall da, wo es ein männliches Wesen gab, das bereit war, sie bei sich wohnen zu lassen.

Nachdem sie ihr Kind zur Welt gebracht hatte, wurde das Jugendamt auf sie aufmerksam, da ein Kneipenbesitzer meldete, dass sich eine Frau mit einem Säugling oft bis Mitternacht in seiner Gaststätte aufhalte.

Doch bevor das damals zuständige Jugendamt tätig werden konnte, war die Frau mit ihrem Kind bereits wieder woanders untergeschlüpft.

Als Tobias zwei Jahre (und ein paar Monate mehr) alt geworden war, ereilte mich das Schicksal, Mutter und Kind ausfindig machen zu müssen, was relativ schnell gelang. Dieses Mal schien sich die Mutter längerfristig niedergelassen zu haben. Doch alle Kontaktversuche verliefen erfolglos. Da eine Gefahr im Verzuge (wie es im Amtsdeutsch heißt) für das Kind zu befürchten stand, erhielt ich vom Vormundschaftsgericht die schriftliche Erlaubnis für die Herausnahme des Kindes, unter zu Hilfenahme eines Gerichtsvollziehers, der seinerseits einen Schlosser beauftragte, um gegebenenfalls die Wohnungstür zu öffnen.

Morgens um sieben Uhr versammelten wir uns alle vor der Wohnungstür. Sieben Uhr morgens sei die beste Zeit, um Familien anzutreffen, sagte der Gerichtsvollzieher. Er sprach aus Erfahrung.

Aber in diesem Fall hatte er sich geirrt. Auch nach mehrmaligem Klingeln und Klopfen öffnete niemand.

Der Schlosser waltete seines Amtes und verschaffte uns nach wenigen Handgriffen Zutritt.

Doch die Wohnung war leer, so leer, dass es kaum vorstellbar war, dass hier überhaupt jemand gewohnt haben könnte.

Auf dem einzigen Tisch hinterließ der Gerichtsvollzieher eine Ausfertigung des Gerichtsbeschlusses.

Der Schlosser wechselte das Türschloss aus und klebte einen Zettel an die Tür mit der Nachricht, wo sich der Wohnungsinhaber den neuen Schlüssel abholen könne.

Mehr konnten wir heute nicht tun.

Als wir wieder auf die Straße traten, war es noch nicht einmal richtig hell.

Frustriert kehrte ich in mein Büro zurück. Ein langer Tag stand mir noch bevor. Und die Spätsprechstunde würde erst um sechzehn Uhr beginnen.

Zehn Minuten vor sechzehn Uhr öffnete sich meine Bürotür und eine Frau trat ein, einen Kinderwagen vor sich herschiebend. Ich blickte etwas verärgert auf, da ich gerade ein wichtiges Telefonat führte.

„Würden Sie bitte noch einen Moment warten", wollte ich gerade sagen, aber die Frau kam mir zuvor.

„Hier haben Sie das Kind", sagte die Frau forsch, schob den Kinderwagen noch etwas näher an meinen Schreibtisch heran und entschwand …!

Ich legte den Telefonhörer zur Seite und rannte der Frau hinterher, aber auf dem langen Behördenflur herrschte gähnende Leere.

Bis zum Ende der Sprechstunde um achtzehn Uhr kümmerten sich meine Kollegen und ich abwechselnd um den kleinen Jungen, der immer wieder weinte, sich aber zum Glück leicht beruhigen ließ.

Der Kollegin, die den Jungen und mich mit ihrem Wagen nach diesem langen Tag noch ins Kinderheim fuhr, bin ich heute noch dankbar.

Die Mutter des Jungen war wie vom Erdboden verschwunden, und ich habe sie nie wieder gesehen. Ihre Einwilligung zur Adoption wurde später gerichtlich ersetzt.

Der schlechte Ruf des Jugendamtes

„Ich steh' nicht unter dem Jugendamt", war die Äußerung einer Klientin, die dreizehn Kinder geboren hatte, zwei Töchter und elf Söhne, von denen zehn bereits straffällig geworden waren. Zwei Söhne saßen in Haft, einer war drogenabhängig, ein anderer Alkoholiker. Nur der Älteste schlug sozusagen aus der Art, betrieb ein florierendes Bauunternehmen und verdiente gutes Geld. Der jüngste Sohn war gerade zehn Jahre alt geworden, als ich ihn kennen lernte, und der Schrecken der gesamten Grundschule. Es verging kaum ein Tag, an dem er nicht vorübergehend aus dem Unterricht entfernt werden musste. Er verprügelte maßlos andere Kinder und reagierte nur aggressiv, wenn er angesprochen wurde. Mindestens einmal in der Woche erwischte man ihn bei einem Ladendiebstahl.

Fünf abgewetzte Akten, in denen auf jeweils fast vierhundert Seiten die gesamte Familienchronik festgehalten worden war, schlummerten in meinem Aktenschrank. Der älteste Eintrag lag zweiunddreißig Jahre zurück!

Ich legte eine neue Akte an, fein säuberlich, für Peter, den Nachkömmling. Die Mutter lehnte alle Hilfsangebote ab. Peter blieb ein Problemkind, aber alle Versuche, ihn von seiner Mutter zu trennen, wenn auch nur während weniger Tage anlässlich einer Kinderfreizeit, verliefen erfolglos. Krank vor Heimweh nach seiner Mutter musste er vorzeitig von einem Familienangehörigen abgeholt werden. Als die Mutter einige Zeit später schwer erkrankte, kam Peter in der Familie seines ältesten Bruders unter, wo er sich erstaunlich positiv entwickelte, ganz ohne das ungeliebte Jugendamt.

Für Peters Mutter und viele andere meiner/unserer Klienten schien es zur Normalität zu gehören, von der „Familienfürsorge", wie wir uns noch bis Anfang der neunziger Jahre antiquiert nannten, betreut zu werden. Doch mit dem Jugendamt wollten sie nichts zu tun haben. Ich habe nie verstanden, warum diese Unterscheidung gemacht wurde. Schließlich stellte die Familienfürsorge einen wesentlichen Bestandteil des Jugendamtes dar. Vielleicht lag es schlicht an der Bezeichnung *Familienfürsorge,* denn darin sind die Worte Familie und Sorge beinhaltet. Es sorgte sich also jemand um oder für die Familie. So gesehen war diese Bezeichnung nicht so schlecht. Die meisten konnten mit diesem Begriff etwas anfangen, während ihnen das **Jugendamt** Angst machte.

Bürokratie

Mit der Bürokratie unseres Jugendamtes konnte ich mich nie wirklich anfreunden, aber es ließ sich nicht leugnen, dass manche Vorschriften durchaus Sinn machten, wie zum Beispiel das Nummerieren der einzelnen Seiten einer Akte. Wer einmal versucht hat, aus einer 300 Seiten starken zusammengehefteten Akte einzelne Seiten herauszunehmen, um sie zu fotokopieren und die Blattsammlung anschließend wieder chronologisch zusammenzufügen, dürfte seine liebe Not haben.

Auch die Anweisung, sich bei laufenden Betreuungsakten, also nicht abgeschlossenen Betreuungsfällen, immer selbst eine Frist setzen zu müssen, zur der man sich der Angelegenheit, sprich, der Familien, spätestens wieder annehmen zu müssen, schien vernünftig, denn bei der Menge der von uns zu bearbeiteten Fälle wäre sonst wahrscheinlich einiges in Vergessenheit geraten.

Wie notwendig, wenn auch zeitaufwendig es war, alle Kontakte mit den Klienten oder den mit ihnen in Zusammenhang stehenden akribisch schriftlich festzuhalten, wurde mir spätestens in einem Entführungsverfahren vor dem Landgericht bewusst, in dem ich als Zeugin aussagen musste. Die Betreuungsakte, die überwiegend von mir über die Familie geführt worden war, lag dem Gericht bereits in Auszügen vor: Ein libanesischer Vater wurde beschuldigt, seinen sechsjährigen Sohn entführt und in den Libanon gebracht zu haben. Die deutsche Mutter hatte dem Vater, von dem sie inzwischen getrennt lebte, gutgläubig einen Besuch mit dem gemeinsamen Sohn im Zoo gestattet, obwohl ich sie eindringlich davor gewarnt hatte, ihm das Kind allein zu überlassen … Die Mutter kämpfte acht Jahre lang um die Rückkehr ihres Kindes.

Der Vater behauptete, an diesem Tag, den die Mutter als den Tag der Entführung angab, gar nicht in Berlin gewesen zu sein. Ich hatte aber noch am Vormittag vor der Entführung mit ihm in meinem Büro gesprochen, als er sich bei mir vehement über die schlechten Erziehungsmethoden seiner Frau beschwerte. In meinem Vermerk, den ich anschließend fertigte, notierte ich als Datum den 21. Juli. Die Entführung fand jedoch am 22. Juli statt! Der Anwalt des Vaters sah darin die Unschuld seines Mandanten als erwiesen an, bis ich mich darin erinnerte, dass dieses Gespräch mit dem Vater an einem Montag stattgefunden hatte, also an einem Tag, an dem wir normalerweise keine Sprechstunden anboten. Da also der 21. Juli ein Sonntag gewesen war, konnte ich unmöglich mit dem Vater gesprochen haben. Mir war die Angelegenheit äußerst unangenehm, aber letztlich schenkte mir das Gericht Glauben und verurteilte den Vater zu neun Monaten Gefängnis sowie zu Erzwingungshaft, da er den Aufenthaltsort seines Sohnes nicht preisgeben wollte.

Mit dem Libanon gab es kein Rechtshilfeabkommen und somit keine Möglichkeit, die Herausgabe des Jungen zu verlangen. Während der Vater in Deutschland in Haft saß, aktivierte die Mutter die Öffentlichkeit und erhielt fünftausend Mark sowie rechtsanwaltliche Hilfe, um ihren Sohn zurückholen zu können. Alle Versuche scheiterten und das Geld war schnell verbraucht. Erst acht Jahre später konnte die Mutter ihren Sohn wieder in die Arme schließen, aber da war er ihr so fremd geworden, dass sie keine Beziehung mehr zu ihm aufbauen konnte, zumal er die deutsche Sprache völlig verlernt hatte. Der nunmehr Vierzehnjährige hatte im Libanon eine strenge militärische Ausbildung genossen und bewegte sich nur noch im Stechschritt. Nur ein paar Tage lebte der Junge bei seiner Mutter und dem jüngeren Bruder, dann beantragte die Mutter seine Heimunterbringung. Die Entfremdung war zu groß geworden. Aber auch in dem Jugendheim war der Jugendliche nicht tragbar, seine Seele war gebrochen. Nach drei Jahren in der Psychiatrie stabilisierte sich der junge Mensch wieder und wurde in den Haushalt der Mutter entlassen. Die verlorene Kindheit konnte der Junge jedoch nie mehr nachholen.

Nach Einführung des neuen Kinder- und Jugendhilfe-Gesetzes 1992 hat sich – auch aus datenschutzrechtlichen Gründen – die Art der Aktenführung grundlegend geändert. Zuvor konnten Familiengeschichten, die sich oftmals über drei oder mehr Generationen erstreckten und Tausende von zum Teil schon vergilbten Seiten füllten, von den jeweilig zuständigen Sozialarbeiter/Innen nachgelesen werden, und oftmals ergaben sich wertvolle Hinweise, um bestimmte familiäre Problematiken erkennen und erklären zu können.

(Zu Beginn meiner Tätigkeit, 1980, las ich in der Akte, die seit 1932 geführt wurde, und war entsetzt und interessiert zugleich; entsetzt, weil sich offenbar an der Art der Aktenführung seit den letzten fünfzig Jahren nichts geändert hatte und interessiert daran, wie sich die Nazizeit und der Krieg auf die Aktenführung ausgewirkt hatten. Von arbeitsscheuen Klienten war die Rede und Arbeitslagern, in denen sie zur Arbeit angehalten werden sollten. Immer häufiger wurden Schreiben mit ‚Heil Hitler', statt mit ‚Freundlichen Grüßen' unterschrieben. Zu Beginn des Krieges 1939 änderte sich zunächst nichts, aber je weiter er voranschritt, desto knapper wurde das Papier und umso kürzer die Vermerke. Schnell gekritzelte kleine Zettel, deren Rückseiten bereits beschrieben waren, klemmten in der Akte. Offizielle Seiten wurden auf hauchdünnem Papier gedruckt. In den letzten Kriegswirren schien die Sozialarbeit gänzlich zu ruhen, aber nach 1946 ging es weiter wie zuvor und es gab wieder ausreichend Papier.)

Nunmehr werden nur noch Teilvorgänge angelegt und jeder Hilfefall verschwindet nach deren Abschluss auf Nimmerwiedersehen im Aktenkeller und wird kurz danach vernichtet. Der Grundsatz lautet: ‚Daten dürfen nur noch zu dem Zweck verwendet werden, zu dem sie erhoben wurden.' Das kann zu kuriosen Situationen führen. Wenn zum Beispiel eine Mutter eine sozialpädagogische Familienhilfe beantragt, weil sie, ich übertreibe jetzt, befürchtet, ihr Kind zu Tode zu prügeln, darf diese Aussage nicht verwendet werden, wenn diese Mutter einige Monate später einen Antrag auf Übertragung der elterlichen Sorge für dieses Kind auf sich stellt. In unserer gutachterlichen Stellungnahme an das Familiengericht dürfte von diesem Misshandlungsverdacht nichts erwähnt werden.

Manche Klienten profitieren sicherlich von dieser Regelung, denn alte Geschichten können ihnen nicht immer wieder vorgehalten werden. Warum auch sollten sie schlechter behandelt werden als Straffällige, die auch nach gewissen Fristen ein blütenreines Führungszeugnis vorweisen dürfen? (Allerdings betreute ich einige Klienten, die, nachdem sie volljährig geworden waren, gern mehr über ihre Vergangenheit erfahren wollten. Akteneinträge, die sie selbst betrafen, durfte ich ihnen dann vorlesen.)

Problematischer finde ich es, dass die Sozialarbeiter/Innen praktisch bei Null anfangen, wenn sie für eine Familie zuständig werden, denn auch die Aktenweitergabe von einem Bezirk in den anderen oder einer Stadt in die andere ist nunmehr unterbunden. Ich behaupte, dass manchen Kindern Leid oder sogar der Tod erspart werden könnte, wüssten auch die heutigen Mitarbeiter/Innen mehr über die Vorgeschichte ihres Klientels.

Pressefreiheit?

Vor vielen Jahren war ich für eine Mutter zuständig, die wegen einer Freiheitsstrafe von Zweieinhalbjahren bereits mit einem Kind, einem kleinen Mädchen, in die Mutter-Kind-Abteilung einer Berliner Haftanstalt inhaftiert worden war. Sie lebte dort recht komfortabel, hatte zwei große Zimmer zur Verfügung mit Bad und einer kleinen Küche. Die Räume erinnerten nicht an eine Haftanstalt, sondern vielmehr an eine gemütliche kleine Wohnung, mit bequemen Möbeln und vollständig ausgestattetem Kinderzimmer, und das alles mit Vollverpflegung. Die Mutter selbst erklärte mir gegenüber, in früheren Zeiten noch nie so gut gelebt zu haben. Während dieser Haftzeit wurde diese Mutter, die schon einschlägig vorbestraft war, wegen eines weiteren schweren Verbrechens aus zurückliegender Zeit überführt. Gemeinsam mit ihrem Mann und ihren zwei minderjährigen Söhnen (12 und 14 Jahre jung), hatte sie einen bewaffneten Raubüberfall begangen und wurde zu einer weiteren Gefängnisstrafe von elfeinhalb Jahren verurteilt.

Die Justizvollzugsanstalt sah sich daraufhin in der Pflicht, die Tochter der Strafgefangenen aus der Haftanstalt zu entfernen, da Kinder höchstens bis zur Vollendung ihres dritten Lebensjahres in der Haftanstalt hätten untergebracht werden dürfen. (nur in Frankfurt/M. lief diese Maßnahme bis zum sechsten Lebensjahr.) Das kleine Mädchen wäre aber selbst bei einer vorzeitigen Haftentlassung der Mutter, die frühestens nach der Hälfte der Haftzeit erfolgt wäre, (was bei deren Vorstrafenregister, kaum zu erwarten war) bereits mindestens neun Jahre alt gewesen.

Ein Kind, das aus einer Haftanstalt heraus hätte zur Schule gehen müssen? Auch mit Hilfe der Presse dafür zu kämpfen wäre selbst dieser Mutter, einer drahtigen, kleinen und durchaus sympathischen Frau kaum gelungen.

War es wirklich nur Zufall oder geschickt geplant? Kurz nachdem die Entscheidung der Justizvollzugsanstalt gefallen war, das Mädchen anderweitig unterzubringen, verkündete die Mutter, wieder schwanger zu sein! Die mögliche Vaterschaft löste viele Spekulationen aus. Aber vielleicht war tatsächlich der Ehemann (der zu neun Jahren Haft verurteilt worden war) der Erzeuger. Immerhin durften sich die Eheleute einmal im Monat in einer so genannten Pfarrersprechstunde sehen ...!

Nach dem Bekanntwerden dieser Schwangerschaft beantragte die Mutter die weitere Unterbringung in der Mutter-Kind-Abteilung zumindest während der nächsten drei Jahre, um sowohl für das erwartete Kind sorgen zu können als auch die nunmehr fast dreijährige Tochter. Um mit der Mutter, dem Anstaltspfarrer, der Sozialarbeiterin und dem Anstaltsleiter nacheinander sprechen zu können, war ich insgesamt sieben Stunden lang im Frauenknast eingesperrt, wurde von einem Raum in den anderen umgeschlossen, das heißt, in den jeweiligen Sprechräumen eingeschlossen und musste dort verharren, bis mich wieder jemand mit einem großen Schlüssel aus der Gefangenschaft befreite: ein sowohl spannendes als auch unheimliches Erlebnis. Die Justizvollzugsanstalt - im Einvernehmen mit dem Jugendamt - verweigerte den Antrag der Mutter.

Nachdem diese Entscheidung in den Medien publik wurde, landeten hunderte von empörten Zuschriften von Lesern, Zuschauern und „Kinderschutzorganisationen“ auf meinem Schreibtisch, die ich zum Glück – aufgrund der Brisanz der Thematik – bis auf wenige nicht zu beantworten brauchte. (Dieses Privileg stand dann schon meinen Vorgesetzten zu.)

Als schließlich auch noch in großen bunten Bildern die schwangere, in Handschellen gefesselte Mutter vor der Entbindungsklinik gezeigt wurde, überschlugen sich die Schlagzeilen: „Mutter muss gefesselt ihr Kind zur Welt bringen.“ (die Handschellen wurden ihr natürlich abgenommen, sobald sie sich im Kreißsaal befand). „Mutter darf ihren kleinen Sohn nicht stillen.“

(Die Muttermilch wurde ein halbes Jahr lang tagtäglich von der Haftanstalt in das Kinderheim transportiert, in dem der kleine Junge fünf Tage nach seiner Geburt untergebracht worden war.)

Mit keinem Wort wurde in der Berichterstattung der Presse oder anderer Medien von der kriminellen Energie dieser Mutter berichtet, nichts über die Länge der noch abzusitzenden Haftstrafe erwähnt oder die Tatsache, dass sie ihre zum Tatzeitpunkt noch minderjährigen Kinder zu Mittätern eines bewaffneten Raubüberfalles gemacht hatte. Der Öffentlichkeit wurde lediglich das traurige Schicksal einer Mutter vorgegaukelt, der das Jugendamt ohne ersichtliche Gründe ihr Neugeborenes entrissen hatte.

Die Mutter mobilisierte im wahrsten Sinne Gott und die Welt und kämpfte darum, ihr Kind bei sich behalten zu dürfen, letztlich ohne Erfolg.

Die beiden jüngsten Geschwister wuchsen in der gleichen Kindergruppe auf (die älteren lebten mittlerweile in Wohngemeinschaften). Alle vier Wochen brachte ein Polizeiwagen die Kinder in das Frauengefängnis, wo sich die Mutter mittlerweile mit einer ‚normalen Zelle' begnügen musste. Einige Jahre später bekam die Mutter begleiteten Ausgang, wurde also auf Staatskosten einmal im Monat in Handschellen ca. 30 Kilometer hin und zurück zum Kinderheim transportiert, um eine Stunde lang mit ihren Kindern zu spielen. Als sie schließlich in die Freiheit entlassen wurde, waren ihre jüngeren Kinder elf und sieben Jahre alt. Die Ehe der Eltern war inzwischen geschieden. Die Presse interessierte sich nicht mehr für sie.

Armut

In den Medien wird immer häufiger über Kinderarmut in Deutschland berichtet, so als sei das ein neues Phänomen. Und warum spricht man über ***Kinder***-Armut? Heißt das nicht gleichzeitig, dass auch die Eltern dieser Kinder arm sind? Kinder können zwar ‚arm dran sein', wenn sie unter widrigen Verhältnissen leben müssen, aber arm – im materiellen Sinne – werden oder sind sie doch nur durch ihre armen Eltern. Traut sich die Politik nicht, von Familienarmut zu sprechen, die es schon immer gab, auch lange vor der Wende und Hartz IV?

Vor der Einführung von Hartz IV hatten Sozialhilfeempfänger die Möglichkeit, einmalige Beihilfen zu erhalten. All das, was durch den Regelsatz, (der sich wiederum durch den so genannten ‚Warenkorb' errechnete, der das Existenzminimum sichern sollte), also durch die monatliche Zahlung der Sozialhilfe nicht abgedeckt war und trotzdem notwendig erschien, konnte als einmalige Beihilfe beantragt werden.

Eine der vorrangigsten Tätigkeiten der Familienfürsorge (seit Anfang der neunziger Jahre nannten wir uns ‚Allgemeiner Sozialpädagogischer Dienst') bestand darin, dass wir sozusagen als verlängerter Arm des Sozialamtes agierten oder agieren mussten.

Ob dann diese Extrazahlung (manchmal gab es auch nur Kostenübernahmescheine) bewilligt wurde, hing überwiegend davon ab, ob sie von den Sozialarbeiter/Innen befürwortet wurde. In der Regel entschied erst dann das Sozialamt über die Gewährung der Zuwendungen.

Für unsere Klienten, die erstmalig und unverschuldet in eine Notsituation geraten waren, sei es, dass ihnen die Wohnung aufgrund von Mietschulden gekündigt worden war oder ihnen der Strom abgestellt werden sollte, da ihnen das Geld gefehlt hatte, um die laufenden Raten zu bezahlen, stellte so ein Bittgesuch im Jugendamt eine ungeheure seelische Belastung dar. Sie schämten sich ihrer Situation. Doch in vielen sogenannten Erstgesprächen fassten sie Vertrauen zu uns und es traten die Probleme zu Tage, die zu der finanziellen Notlage geführt hatten. Oftmals konnten wir den Familien neben der materiellen auch sozialpädagogische Hilfen anbieten (dazu später mehr).

Doch einige Klienten, die uns vom Sozialamt geschickt wurden, waren praktisch Stammkunden.

„Sie sollen mir eine Befürwortung schreiben“, war fast immer der erste Satz, mit dem sie in die Sprechstunde platzten. Wenn wir ihnen dann erklärten, den Bedarf, den sie angemeldet hatten, doch zunächst prüfen zu müssen, verstanden sie oft die Welt nicht mehr.

„Aber die da unten haben doch gesagt, Sie brauchen nur einen Zettel zu schreiben, und dann kriegen wir die Sachen.“ Nicht selten musste ich meinen Groll verbergen, Groll auf das Sozialamt, das sich die Klienten so einfach vom Hals hielt (wobei ich natürlich auch wusste, wie überlastet die Mitarbeiter/Innen im Grunde waren), Groll aber auch auf manche Klienten, die uns durch ihre überhöhten, um nicht zu sagen unverschämten Anträge die Zeit stahlen.

Bei Miet- oder Stromschulden reichten uns in der Regel die entsprechenden Schreiben des Vermieters oder des Stromanbieters, vielleicht noch ein paar Telefonate und eine einigermaßen vernünftige Erklärung durch die Antragsteller für die Entstehung der Schulden, um eine Befürwortung schreiben zu können. In den allermeisten Fällen mussten wir den angemeldeten Bedarf jedoch vor Ort durch einen Hausbesuch abklären, eine ebenso zeitaufwendige wie eigentlich überflüssige Aufgabe, da das Sozialamt über einen eigenen Prüfdienst verfügte.

Und es wurde alles beantragt, was man sich nur denken konnte, angefangen von ein paar Nägeln bis zu einem Kristalllüster für 698.- DM für das Wohnzimmer.

In den langen Stunden des Wartens auf den Fluren des Sozialamtes tauschten viele Klienten ihre Erfahrungen aus und gaben sich gegenseitig Tipps.

Eine allein stehende Mutter beantragte die Renovierung ihres Wohnzimmers. Als ich in ihrer Wohnung eintraf, begrüßte mich lediglich der siebzehnjährige Sohn, der mir nach längerem Nachfragen zwei winzige, kaum sichtbare Risse in einer kostbaren Stofftapete zeigte, der Grund dafür, das gesamte Wohnzimmer neu tapezieren zu wollen ... Ich verließ wortlos die Wohnung, schrieb eine kurze Notiz und legte diesen Vorgang ganz unten in den Aktenschrank.

Wieder eine andere Familie beantragte Kinderbetten, die sie sich von ihrer Sozialhilfe nicht anschaffen könnten. Als ich die Wohnung betrat, staunte ich nicht schlecht. Das Wohnzimmer, in das ich gebeten wurde, war komplett mit kostbaren englischen Stilmöbeln ausgestattet und in der rechten Zimmerecke prangte eine beleuchtete Hausbar, in der ich überschläglich einhundertfünfzig ordentlich aufgereihte Flaschen mit den verschiedensten alkoholischen Getränken zählte. Das mit hellen, lackierten Möbeln ausgestattete Elternschlafzimmer konnte ich nur im Vorbeigehen sehen, als mich die Mutter ins Kinderzimmer führte. Gähnende Leere empfing mich hier! Zwei dünne Matratzen lagen wahllos auf dem nackten Boden, umrahmt von verstreutem Spielzeug.

Auf dieses Pferd setzten viele unserer Klienten. Warum sollten sie eigenes Geld ausgeben, wenn für die Kinder alles gezahlt wurde? In dem oben genannten Fall schrieb ich keine Befürwortung, sondern lediglich einen Sachstandsbericht und überließ es so gänzlich dem Sozialamt, die Beihilfe zu gewähren oder auch nicht. Die Familie bekam letztlich einen Kostenübernahmeschein (also kein Bargeld) für gebrauchte Kinderbetten sowie neue Matratzen. Der Schein wurde nicht eingelöst.

Die Klienten, denen man ihre Armut schon äußerlich ansah, waren im Grunde die bescheidensten. Ihnen musste man Mut machen, damit sie sich trauten, die Hilfe des Sozialamtes in Anspruch zu nehmen. Sie waren zwar arm, hatten aber ihren Stolz dennoch nicht verloren. Außerdem stand ihre Angst dahinter, die vom Sozialamt empfangen Zuwendungen irgendwann zurückzahlen zu müssen. Und doch erlebte ich gerade diese Menschen zufriedener mit sich und ihrer Situation als manche anderen. Die Dankbarkeit, die mir entgegenschlug, wenn ihnen dann doch in irgendeiner

Form materiell oder finanziell geholfen werden konnte, war mir beinahe peinlich.

Aber obwohl wir es oft nicht einsahen, trabten wir letztlich doch in die Wohnungen unserer Klienten und begutachteten, ob eine Renovierung notwendig war, ob tatsächlich Gardinen angeschafft werden mussten (die gab es nur, wenn die Wohnung von Nachbarn einsehbar war), oder ob ein Teppichboden erforderlich erschien (den gab es nur, wenn die Wohnung einen splitternden Holzfußboden aufwies, an dem sich krabbelnde Kinder hätten verletzen können).

Und trotz meiner Befürwortungen erlebte ich manchmal Unglaubliches. Kühlschränke zum Beispiel wurden - im Winter - vom Sozialamt abgelehnt mit der Begründung, die Familie verfüge schließlich über einen Balkon und könne dort ihre Lebensmittel kühlen. Statt der Kostenübernahme von Stromkosten (im Sommer) gewährte das Sozialamt einen Gaskocher und Haushaltskerzen. Eine Waschmaschine wurde anfangs nur für Familien mit mindestens drei Kindern bewilligt.

Einmal traf ich zufällig mit einem Mitarbeiter des Prüfdienstes des Sozialamtes zusammen, der den Auftrag hatte, einen Antrag einer Mutter auf ein neues Kinderbett zu prüfen. Dieser Mann legte tatsächlich den Zollstock an das ca. sechsjährige Kind, maß es längs wie breit, anschließend das vorhandene Bett, um festzustellen, dass der Schlafplatz des Kindes noch ausreichend sei. Ich war entsetzt, aber der Mann lächelte nur.

„Sie glauben gar nicht, was ich alles prüfen muss. Vor kurzem beantragte eine Frau einen neuen Büstenhalter, da sich ihre Oberweite massiv vergrößert hatte. Ich bekam tatsächlich den schriftlichen Auftrag, den Brustumfang der Frau nachzumessen."

„Und was haben sie getan?", fragte ich neugierig.

„Ich habe den Mitarbeiter gefragt, ob er noch ganz normal sei."

Lachend verließen wir beide die Wohnung.

Eine dritte große Gruppe meiner (unserer) Klienten bestand aus den Familien, für die Unordnung, Schmutz oder Chaos zum Leben gehörten. Anfangs dachte ich, wenn man diesen Familien eine neue Wohnung mit neuen Möbeln beschaffen könnte, würden sie diesen Neustart nutzen können, um ihren Lebensstil zu ändern. Einmal habe ich es versucht, bin aber kläglich gescheitert.

Wieder einmal waren es Nachbarn, die mich auf ein unverheiratetes Pärchen aufmerksam machten, das ihr zweites gemeinsames Kind erwartete. Die werdende Mutter brachte einen zweijährigen Jungen, der Vater darüber hinaus einen bereits fünfjährigen Sohn mit in diese Beziehung. Die damals noch vierköpfige Familie lebte in einer finsteren Einzimmerwohnung im Erdgeschoss im Hinterhof ohne Bad und Heizung. Das Mobiliar des einzigen Zimmers bestand lediglich aus einem breiten Doppelbett und zwei Kleiderschränken, die keine Türen mehr besaßen, was Sinn machte, denn es war so eng in diesem Raum, dass man die Schranktüren gar nicht hätte öffnen können. In der letzten hintersten Ecke standen drei Fernsehgeräte – übereinander gestapelt. Als ich die Familie zum ersten Mal in ihrer muffig riechenden ‚Wohnung' besuchte, empfingen mich die Eltern freundlich und wenig überrascht. Da es außer der Bettkante, auf dem die Klienten saßen, keine weitere Sitzgelegenheit gab, blieb ich notgedrungen stehen, während wir uns unterhielten, was mir gerade recht war. Aufgrund der Dunkelheit in diesem Zimmer war der Schmutz nicht so deutlich so erkennen, aber das, was zu erahnen war, reichte schon, um Fluchtgedanken zu entwickeln.

Während unseres Gespräches schlief der Zweijährige friedlich am Kopfende, der ältere tobte ausgelassen herum. Als er in voller Bekleidung ins Bett hüpfte, ermahnte ihn der Vater streng. Er solle doch gefälligst vorher seine Schuhe ausziehen, damit das Bettlaken nicht beschmutzt würde. Wenn die Situation nicht schon so kurios gewesen wäre, hätte ich beinahe gelacht. Schmutziger konnte das Laken kaum mehr werden.

Nachdem ich die Eltern schließlich überzeugt hatte, noch vor Geburt des dritten Kindes in eine größere Wohnung umzuziehen, verfasste ich für die Familie Bewerbungen bei Wohnungsgesellschaften, sie selbst brachten gerade einmal ihre Unterschrift zu

Papier. Eine Gesellschaft unterbreitete tatsächlich ein schriftliches Angebot für eine Dreizimmer-Neubauwohnung. Einen Tag vor dem Bewerbungsgespräch ging ich mit der jungen Mutter einkaufen.

Eine bezahlbare Wohnung zu finden, war in den achtziger Jahren noch besonders schwierig.

Die junge Frau bekam einen neuen mittelblauen dreiviertellangen Mantel (ich fand die Farbe schrecklich, aber ihr gefiel er) einen Pullover, neue Hosen und Schuhe (vom Sozialamt finanziert). Schließlich sollte sie, trotz ihres schon sehr gewölbten Bauches und ihrer schlechten, teilweise schon ausgefallenen Vorderzähne einen guten Eindruck machen.

Als wir uns am nächsten Morgen vor der Wohnungsbaugesellschaft trafen, traute ich meinen Augen nicht. Der neue Mantel war mit irgendeiner weißen Soße bekleckert, die Schuhe staubig und die langen blonden Haare der erst dreiundzwanzigjährigen Frau sahen so aus, als wären sie im letzten halben Jahr nicht mehr gekämmt worden. Ich opferte meine Haarbürste, striegelte ihre Mähne wie die eines Pferdes, versuchte die Flecken mit Tempotuch und Spucke abzuwischen.

Diese Wohnung bekam sie trotzdem nicht.

Ich versuchte es weiter, aber es kamen nur Absagen, obwohl ich zu einigen Wohnungsbaugesellschaften und anderen Vermietern inzwischen schon gute Beziehungen aufgebaut hatte. Doch *diese* Familie wollte offenbar niemand. Und der Geburtstermin rückte immer näher!

Eine letzte Lösung stellte eine kleine Eineinhalbzimmerwohnung dar (in der später Mona mit ihrer Mutter lebte), Die Wohnung war zwar klein und lag in diesen verwahrlosten Altbaukomplex, den ich bereits beschrieben habe, war aber frisch gestrichen und einigermaßen ansehnlich. Die Familie bekam zwar kein komplett neues Mobiliar, aber sehr gut erhaltene Gebrauchtmöbel. Nach Feierabend spannte ich sogar meinen Mann ein, um die Familie bei ihrem Umzug zu unterstützen, und eine Woche lang sah es in der neuen Wohnung recht normal aus, was mich mit einem gewissen Stolz erfüllte, jung und unerfahren, wie ich damals noch war.

Doch bereits vier Wochen später erkannte ich die Wohnung kaum wieder. Der Vater hatte offensichtlich den Schrott aller Nachbarn gesammelt und bei sich eingelagert, und da der Platz nicht reichte, Zwischendecken eingezogen, in dem er riesige Löcher in die Wände schlug, unbehandelte Balken darin versenkte und mit altem Bauholz belegte. Und auf diesen Zwischenböden lagen nur Dinge, die eigentlich auf den Sperrmüll gehörten, jedenfalls für meinen Geschmack.

Ich war entsetzt und enttäuscht, als ich dieses Chaos sah und machte dem Vater, der dafür verantwortlich schien, bittere Vorwürfe. Er schien mich nicht zu verstehen. Natürlich überlegte ich sofort, ob die zwei, in absehbarer Zeit drei Kinder in der Obhut dieser Eltern bleiben konnten. Aber diese Kinder machten einen glücklichen, zufriedenen Eindruck, wirkten nicht unterernährt, wurden nicht misshandelt oder alleingelassen.

Fast jedes Wochenende unternahmen die Eltern mit ihren Kindern eine lange Radtour an einen der vielen Berliner Seen, packten, außer im Winter, Zelte, Spielzeug und einen kleinen Grill in ihre Fahrradkörbe und blieben dort über Nacht, wo sie sich mit Gleichgesinnten trafen. Ich hätte es nicht geglaubt, wenn mein Mann und ich sie nicht zufällig einmal an einem Sonntag dort getroffen hätten.

Dennoch fühlte ich mich unsicher. Konnten Kinder so aufwachsen? Ich bat daher unseren Vormundschaftsrichter, mich zu einem – angekündigten – Hausbesuch zu begleiten. Beinahe rührend hatten die Eltern versucht, hässliche Stellen in ihrer Behausung durch Decken oder Tücher zu verbergen. Der Richter lächelte milde, als wir die Wohnung verließen. „Was wollen sie?“, fragte er mich. „Das sind eben Künstler, auf ihre Art. Und den Kindern geht es doch gut, oder nicht?“

Dem konnte ich nicht widersprechen, aber ich versuchte nie wieder, Klienten meine Vorstellung davon, wie man leben und wohnen müsste, aufzudrücken.

Diese Familie hatte auch ohne große finanzielle Zuwendungen ein - wie auch immer – einigermaßen glückliches Leben.

Aber so zeitaufwendig die Gespräche oder Hausbesuche, wenn die Klienten einmalige Beihilfen beantragten, auch waren, stellten sie doch oft die einzige Möglichkeit dar, die Familien kennen zu lernen, in denen möglicherweise auch vieles andere im Argen lag. Nicht selten fassten diese Familien Vertrauen zu uns, nachdem sie uns, das Jugendamt, kennen gelernt hatten und nahmen Hilfe an. Manchmal halfen schon wenige Gespräche. In anderen Fällen vermittelten wir sie an Beratungsstellen oder leiteten eine Familienhilfe oder Ähnliches ein. Nicht selten konnten wir bei der Wohnungssuche behilflich sein oder die Absperrung der Stromzufuhr verhindern. Durch Hartz IV ist für das Jugendamt diese Art der Kontaktaufnahme zu Familien verwehrt, da die Beihilfen abgeschafft wurden (Zuschüsse gibt es allenfalls für Klassenfahrten und Erstausstattungen bei Geburten für Bekleidung und Einrichtung). Es ist daher nicht verwunderlich, wenn einige Familienschicksale erst bekannt werden, wenn das viel zitierte Kind bereits in den Brunnen gefallen ist. ‚Die Familie war dem Jugendamt bisher nicht bekannt', heißt es dann lapidar in den Medien.

Jugendamt und Polizei

Regelmäßig erhielten wir Polizeiprotokolle zugesandt: m.d.B.u.w.V. (= mit der Bitte um weitere Veranlassung), manchmal waren es nur zwei Meldungen im Monat, es konnten auch zehn und mehr sein. Meistens ging es um strafunmündige Kinder, die bei Ladendiebstählen erwischt worden waren. Um mit diesen Familien in Kontakt zu treten, und eventuell gravierende familiäre Probleme aufzuspüren sowie entsprechende Hilfen anzubieten, konnten wir uns ein paar Tage Zeit lassen. (Leider waren aber diese Meldungen nicht selten der Beginn von kriminellen Karieren unserer jüngeren Klienten).

Wenn es sich dagegen um gewalttätige Auseinandersetzungen von meistens alkoholisierten Eltern handelte, griff die Polizei sofort ein, was meistens in den späteren Abendstunden, am Wochenende oder an Feiertagen geschah, also zu Zeiten, an denen zumindest unser Jugendamt geschlossen war. Möglicherweise betroffene Kinder wurden im Kindernotdienst untergebracht. Wir erhielten eine entsprechende telefonische Mitteilung und wurden sofort tätig.

Doch obwohl es zwischen der Polizei und dem Jugendamt viele Berührungspunkte gab, hielt sich unsere Zusammenarbeit in Grenzen. Manchmal wurden wir dazu gebeten, wenn in extrem verwahrlosten Wohnungen Fotos geschossen wurden, aber die Frage, ob eine Anzeige gegen die Eltern erstattet wurde, entschied die Polizei ohne eine Rücksprache mit uns.

Wir, als Jugendamt, übten uns in großer Zurückhaltung, Eltern oder Sorgeberechtigte anzuzeigen.

Hätten wir in jedem Fall des Verdachtes von Missbrauch, Misshandlung, Vernachlässigung oder Verwahrlosung von Kindern, der uns zur Kenntnis gelangte wäre, eine Anzeige erstattet, wären bei den betroffenen Familien alle Türen für uns verschlossen gewesen.

- War den Eltern die Straftat überhaupt nachzuweisen?
- War den Kindern ein solches Verfahren überhaupt zuzumuten?

- Würden es Kinder von missbrauchenden, misshandelnden Erwachsenen nicht viel schlimmer erleben, wenn die Täter mangels eindeutiger Beweise freigesprochen würden und somit Recht bekämen?

- Würde ein missbrauchtes Kind, das spürt, dass das, was mit ihm geschehen ist, absolut nicht in Ordnung war, obwohl ihm das vom Missbraucher immer eingeredet wurde, den Freispruch des Täters nicht als ein weiteres Trauma erleben?

- Reichten unsere Mittel aus, um die Kinder vor weiterem Schaden zu bewahren?

- Würde eine Verurteilung der Eltern die Lebensumstände der Kinder wirklich verbessern?

So wurde jeder dieser Fälle zu einer Gradwanderung.

Kinder- und Jugendhilfe

Im Verlauf meiner neunzehnjährigen Tätigkeit als Sozialarbeiterin im Jugendamt habe ich, bis auf einige wenige Ausnahmen, keine Eltern, Mütter oder Väter erlebt, die sich an mich (uns) wandten, um von sich aus um Hilfe zur Erziehung ihrer Kinder nachzusuchen. Bei Jugendlichen lag die Quote jedoch wesentlich höher. Manchmal entwickelte sich zwar wochenweise eine Art ‚Unterbringungswunsch-Virus' unter den Heranwachsenden, die plötzlich entdeckten, dass sie es keinen Tag länger bei ihren Eltern aushalten könnten und unbedingt in einer - überwiegend vom Jugendamt finanzierten - Jugendwohngemeinschaft untergebracht werden wollten. Hinterfragt gaben die meisten der jungen Menschen letztlich zu, sich in einer Wohngemeinschaft lediglich ein besseres, unkontrollierteres Leben zu erhoffen. Doch viele hatten in der Tat berechtigte Gründe, nicht mehr bei den Eltern leben zu können, wie z. B. die Tochter eines recht erfolgreichen Schriftstellers, die angab, von ihrem Vater missbraucht zu werden, oder das junge türkische Mädchen, das in die Türkei zurückgeschickt werden sollte, um einen ihr völlig unbekannten Cousin heiraten zu müssen, wie der Junge, der die überschwängliche, beinahe grenzüberschreitende Liebe seiner Mutter nicht mehr ertragen konnte.

Aber auch wenn viele Jugendlichen oft mit fadenscheinigen Argumenten zu uns kamen, so waren es doch im Grunde fast die einzigen Klienten, die von sich aus um Hilfe baten, die nicht nur materiell oder finanziell begründet war.

Und die Kinder selbst? Kinder, und damit meine ich wirkliche Kinder - und nicht die schon etwas gereifteren Zwölf- oder Dreizehnjährigen - haben kaum eine Chance, von sich aus um im Hilfe zu bitten (auch bei den - Jahre später - verschiedentlich eingerichteten Sorgentelefonen meldeten sich keine Kinder).

Kinder lieben ihre Eltern, jedenfalls glauben sie das, und außerdem haben sie keine Alternative. Kein Kind kann sich vorstellen, woanders zu leben, als bei seinen Eltern, bei seiner Familie. Und für manche Kinder gehören Verwahrlosung, Misshandlung, selbst sexueller Missbrauch zum Alltag. Sie kennen nichts anderes.

Und genau das macht die Arbeit der Mitarbeiter/Innen des Jugendamtes so schwierig. Kinder rufen nur indirekt um Hilfe, senden allenfalls Signale aus, die zu erkennen, von denen, die mit Kindern Kontakt haben, allerdings Einfühlsamkeit und Erfahrung voraussetzt.

Hilfe für Familien oder nur Alibi?

Familien, die uns bereits bekannt waren, boten wir die Möglichkeit an, eine sozialpädagogische Familienhilfe zu beantragen, wenn uns diese notwendig erschien – manchmal allerdings nicht ganz ohne Hintergedanken. Denn nur die – wenn auch schlecht bezahlten -Familienhelfer/Innen hatten die Zeit und die Möglichkeit, die Strukturen des Familienumfeldes näher als wir kennen zu lernen, die noch vorhandenen Kräfte der Familienangehörigen zu bündeln und Hilfe zur Selbsthilfe zu geben. Leider waren diese Einsätze nicht immer von Erfolg gekrönt. Viele Helfer/Innen waren oft gar nicht oder nur unzureichend sozialpädagogisch ausgebildet und alle wurden auf Honorarbasis beschäftigt. Hätten sie uns, dem Jugendamt, nach einem Jahr oder weniger verkündet, die Familie könne sich nun alleine helfen, wären sie ihren Job losgeworden, mit dem sie oftmals ihr Studium finanzierten. Und so blieben sie bis zu drei Jahren in den zu betreuenden Familien tätig. In West-Deutschland gab es bereits damals fest angestellte Familienhelfer und Helferinnen, die eine Familie nur so lange betreuten, wie es nach Absprache mit dem Jugendamt notwendig erschien, auch wenn es nur sechs Monate gewesen waren. Auch wurde eine Familienhilfe nach drei Monaten abgebrochen, wenn die Familie nicht mitarbeitete. Aber West-Berlin konnte vor der Wende finanziell noch aus dem Vollen schöpfen und die Familienhilfe schien das Allheilmittel zu sein, das immer eingesetzt wurde, wenn das Kindeswohl aus den unterschiedlichsten Gründen gefährdet erschien, die Kinder aber in ihren Ursprungsfamilien belassen werden sollten.

Die wenigsten Klienten reagierten verständlicherweise wenig begeistert, wenn wir ihnen eine Familienhilfe empfahlen. Wer möchte schon gern zugeben, mit dem familiären Leben nicht mehr allein zurecht zu kommen, und sich einem fremden Menschen anvertrauen?

Der Erfolg oder Teilerfolg einer Familienhilfe hing maßgeblich davon ab, passende Helfer/Innen zu vermitteln (heute würde man sagen, die Chemie musste stimmen) und ein Vertrauensverhältnis zu schaffen. Sobald den Eltern vermittelt werden konnte, dass ihnen niemand ihre Rolle als Vater oder Mutter streitig machen würde, sie also nicht in Konkurrenz zu der jeweiligen Person des Familienhelfers treten mussten, war in der Regel das Eis gebrochen.

Manchmal passten die Helfer zu den Familien wie ein Deckel zum Topf, und in nicht wenigen Fällen entstand daraus - auch nach Beendigung der Maßnahme - ein jahrelanger Kontakt.

Es gab aber auch nicht wenige Familien, denen die gewährte Hilfe peinlich war. Wenn sie von Nachbarn oder Freunden gefragt wurden, wer dann da dreimal wöchentlich zu ihnen in die Wohnung komme, antworteten sie: „Das ist unser Nachhilfelehrer."

Andere Klienten wurden auf Anraten der Schule oder der Kindertagesstätte zu uns geschickt. Lehrer und Erzieherinnen hatten die Hoffnung, sich mit der Allzweckwaffe des Jugendamtes ihrer eigenen Probleme mit den von ihnen zu betreuenden Kindern entledigen zu können.

„***Die*** haben gesagt, ich soll hier eine Familienhelferin beantragen", sagten viele, die unsere Sprechstunden aufsuchten.

„Und was sollte diese Familienhelferin Ihrer Meinung nach tun? Wo brauchen Sie Hilfe?"

„Na ja, die soll uns eben helfen, beim Saubermachen oder Kochen oder so."

„Das hat man Ihnen also gesagt, aber das ist nicht ganz richtig", versuchten wir einzulenken. „Eine Familienhelferin ist überwiegend dazu da, um Sie bei der Erziehung Ihrer Kinder zu unterstützen und zu beraten. Nebenbei kann sie Ihnen natürlich auch Tipps zu hauswirtschaftlichen Dingen geben. Aber im Vordergrund steht die Erziehung und Versorgung Ihrer Kinder."

„Aber das können wir (kann ich) doch allein. Dazu brauchen wir (brauche ich) keine Hilfe."

Wenn wir dann – mit Einverständnis der Sorgeberechtigten – in der Schule oder in der Kita nachfragten, stellten sich oftmals die angeblichen Probleme als Nichtigkeiten heraus. Allerdings gab es auch Ausnahmen und wir waren den Informanten letztlich dankbar, wenn sie uns auf Missstände in Familien aufmerksam machten.

Nicht immer reichte dann eine Familienhilfe, und nicht immer waren nur kleine Kinder betroffen.

Jennifer

Jennifer war sechzehn Jahre jung, als ich das erste Mal von ihr hörte. Ein Gymnasiallehrer meldete sich telefonisch bei mir, um anzufragen, ob wir (=das Jugendamt) dem Mädchen nicht einen Nachhilfelehrer finanzieren könnten. Jennifer sei zwar bisher eine gute Schülerin gewesen, aber in letzter Zeit sehr unkonzentriert und auffällig nervös. Der Lehrer vermutete, diese Verhaltensänderung könnte familiär begründet sein.

Nachhilfestunden wurden vom Jugendamt nicht finanziert, aber dennoch nahm ich zu der allein erziehenden Mutter schriftlichen Kontakt auf. Schließlich mussten wir jedem Hinweis nachgehen.

Die Mutter meldete sich nicht, also schrieb ich sie zwei Wochen später erneut an… und dann wurde ich sie nicht mehr los! Fast jeden zweiten Tag rief sie mich im Büro an, redete über Gott und die Welt und dabei so wirr, um nicht zu sagen irre, dass ich nichts verstand. Wenn ich versuchte, das Gespräch auf ihre Tochter zu lenken, erklärte sie in knappen Worten, Jennifer ginge es gut. Sie habe keine Probleme. Auch Nachhilfe benötige sie nicht. Dem Vokabular nach zu urteilen, das die Mutter benutzte, schien sie ziemlich gebildet zu sein.

Diese Gespräche dauerten fast immer eine Stunde, wenn nicht länger. Da es mir nicht gelang, diese Telefonate höflich zu beenden, erledigte ich oftmals in dieser Zeit unliebsame Büroarbeiten, wie das Ausfüllen von Karteikarten und hörte ihr trotzdem zu. Ich *versuchte* jedenfalls, ihr zu folgen. Die Frau musste sehr einsam sein, wenn sie mit einer ihr völlig fremden Person Stunden am Telefon verbrachte.

Irgendwann fragte ich die Mutter, ob sie Alkohol getrunken habe. Sie lallte zwar nicht, aber sie sprach noch unzusammenhängender als sonst. Sie habe sich ein Gläschen Sekt gegönnt, gab sie kichernd zu, aus Freude, wieder mit mir sprechen zu können. Sie schien – im Gegensatz zu manchen anderen Tagen – guter Dinge zu sein.

„Ich würde gern einmal mit Jennifer sprechen“, fragte ich einfach. „Ist sie zu Hause?“

„Ja, warten Sie einen Moment. Sie kommt gerade zurück.“

Damit hätte ich nicht gerechnet.

Jennifer verhielt sich am Telefon wenig gesprächig. Was sollte sie mit mir auch besprechen? Aber sie bestätigte mir, dass sie keinerlei Schwierigkeiten habe und auch in der Schule gut zu Recht komme. Ihre Freizeit verbringe sie ausschließlich auf einem Kinderbauernhof in Kreuzberg, erzählte sie mir. Für ein schon ziemlich altes Pony, das dort sein Gnadenbrot erhalte, habe sie die Pflege übernommen. Das war allerdings keine Erklärung dafür, dachte ich mir, warum eine Jugendliche wie Jennifer nicht außerdem Kontakte zu Gleichaltrigen pflegte. Aber sie würde schon ihre Gründe haben, und ein Pferdchen zu versorgen war doch um vieles besser als Drogen zu konsumieren, wie ich es von einigen meiner anderen sechszehnjährigen Klientinnen kannte.

Nach diesem Telefonat kehrte Ruhe ein! Erleichtert schrieb ich einen abschließenden Vermerk (hielt also das letzte Gespräch schriftlich fest) und legte die Akte, die eigentlich noch gar keine war, in den Aktenschrank.

Doch Frau K. hatte mich nicht vergessen. Wochen später rief sie wieder an, und das Spiel begann von vorne. Ich wusste mit meiner begrenzten Zeit wirklich Besseres anzufangen und wurde irgendwann böse.

„Ich werde nicht mehr mit Ihnen telefonieren und nur noch mit Ihnen sprechen, wenn Sie persönlich bei mir in der Sprechstunde erscheinen“, erklärte ich rigoros.

Und dann kam sie wirklich, ein paar Wochen später, und ich musste mich sehr zusammenreißen, um ihr nicht zu zeigen, wie sehr ich bei ihrem Anblick erschrak. Ihr Gesicht war so aufgedunsen, dass die Augen nur noch wie kleine braune Knöpfe aus den teigigen Wangen herausschauten. Der massige Körper der Frau war in weiße Stoffe gehüllt, kaum erkennbar, um welche Art von Kleidungsstück es sich handelte, und sie roch penetrant nach Alkohol! Leider (sage ich heute, damals war ich froh darüber) musste ich gerade an diesem Tag direkt nach der Sprechstunde zu einem wichtigen Gerichtstermin und hatte kaum fünf Minuten Zeit für die Frau.

Ich sah sie zum ersten und zum letzten Mal!

Drei Monate später saß Jennifer bei mir in der Sprechstunde – zusammen mit einer Bekannten ihrer Mutter. Es war Jennifers siebzehnter Geburtstag, und ihre Mutter war am Tag zuvor gestorben, zu Hause, in ihrem Bett. Sie sei regelrecht verblutet, berichtete die Bekannte ungeniert. Das Blut sei der Mutter aus allen Körperöffnungen geflossen, den Augen, Ohren, Mund, Nase und so weiter. Ich versuchte vergeblich, die redselige Dame mit Rücksicht auf das Mädchen zu bremsen. Jennifer aber saß wie versteinert auf ihrem Stuhl.

„Mein Mann und ich haben sie gestern erst einmal bei uns aufgenommen“, berichtete die Bekannte, „aber ab morgen, besser noch ab heute, muss eine andere Lösung gefunden werden, denn wir leben in einer kleinen Zweizimmerwohnung, und in ihre eigene Wohnung darf sie auf keinen Fall zurück. Dort soll es ziemlich schlimm aussehen.“

Ich sah mir dieses Mädchen an. Zwar war sie groß gewachsen, aber sie wirkte wie eine Elf- oder Zwölfjährige. Dieses verstörte, wenn auch schon siebzehnjährige Kind konnte ich nicht mit gutem Gewissen in einer Jugendwohngemeinschaft unterbringen, wo sie dem Alter nach eigentlich hingehört hätte.

Zum Glück gab es in dem Kleinstheim, das nur aus einer familiengegliederten Gruppe (zwölf Mädchen und Jungen unterschiedlichsten Alters) bestand, noch einen freien Platz und Jennifer wurde dort, wenn auch mit Bedenken, sofort aufgenommen.

Zwei Tage später stellte ich das Mädchen ihrem Amtsvormund vor (ihr Vater war unbekannt) und fragte sie, ob sie noch einige Dinge aus ihrer Wohnung benötige, bevor der Vormund den Mietvertrag auflösen und für die Entsorgung des Mobiliars sorgen würde.

„Ein paar Dinge brauche ich schon noch“, erklärte Jennifer stockend, „aber die kann ich mir ja gleich holen.“

„Ich werde dich begleiten. Es ist nicht gut, wenn du allein in die Wohnung gehst“, sagte ich bestimmt.

„Aber es sieht dort ziemlich schlimm aus“, stammelte Jennifer.

„Das macht nichts“, sagte ich dem Mädchen, „du ahnst nicht, welch schlimme Wohnungen ich schon gesehen habe.“

„Aber es kommt doch nichts in die Zeitung?“

„Wie kommst du auf diese Idee, Jennifer. Natürlich nicht! Also ich hole dich morgen mit dem Auto vom Heim ab und dann holen wir deine Sachen.“

Schon morgens um acht Uhr zeigt das Thermometer zwanzig Grad. Die glühende Hitze, die schon seit Tagen herrscht, wird auch heute anhalten.

Alle Schulen bekommen hitzefrei und so hole ich Jennifer schon um halb eins ab. Als wir zwanzig Minuten später vor ihrer Wohnung stehen, zögert sie.

„Sind Sie wirklich sicher, dass Sie mitkommen wollen?“, fragt sie mich ängstlich.

„Aber natürlich.“

Jennifer schließt die Eingangstür auf, die sich nur zu einem Drittel der Breite öffnen lässt, und schlüpft durch den Spalt hindurch, als sei es eine Selbstverständlichkeit, die Wohnung auf diese Weise zu betreten. Ich will es ihr gleichtun, aber kaum habe ich meinen Kopf durch den schmalen Spalt gezwängt, schlägt mir ein derartig penetranter Gestank entgegen, dass ich für einen Moment die Luft anhalte und am liebsten sofort auf dem Absatz kehrt machen würde. Aber ich versuche, das Ekelgefühl zu überwinden und folge dem Mädchen. Ich erahne Schlimmes, aber das, was ich jetzt sehe, übersteigt alle Erwartungen und ist mit Worten nicht zu beschreiben.

In dem ungefähr eineinhalb Meter breiten und vier Meter langen Flur türmen sich rechts und links meterhohe Stapel von alten Zeitungen, aufgerissenen Pizzakartons mit verschimmelten Resten, Plastikbecher, ungeöffnete Post und vieles mehr. Selbst der schmale Weg durch dieses Durcheinander ist bereits zentimeterdick mit Zeitungen gefüllt.

Jennifer verschwindet in einem der Räume, als ich versuche, weiter in die Wohnung durchzudringen. Das erste Zimmer auf der rechten Seite scheint einmal das Kinderzimmer gewesen zu sein. Mit Tesafilm befestigte Buntstiftzeichnungen kleben lose an den Wänden, von denen die Tapete teilweise in Fetzten herunterhängt. Außer einer Kommode, die ich in dem Chaos zu erkennen glaube, gibt es kein anderes Mobiliar in diesem Raum. Auf dem Boden häufen sich Berge von altem, stinkendem Heu und alte Verpackungen, in denen sich einmal Kaninchen- oder Hamsterfutter befunden haben musste, liegen überall verstreut herum. Der nächste Raum, zu dem ich mich vortaste, schien ursprünglich die Küche gewesen zu sein, als solche aber nicht mehr zu bezeichnen, geschweige denn zu benutzen. Der gesamte Boden, die Arbeitsfläche, der Kühlschrank, Tisch und Stühle versinken meterhoch unter leeren Konservendosen, Plastiktüten, Wein- und Bierflaschen Speiseresten und anderem Müll.

Mein Würgereiz wird stärker. Ich brauche dringend frische Luft und kämpfe mich zum Wohnzimmer durch. Hier gibt es wenigstens einen Balkon! Ich reiße die Tür auf und atme tief durch, aber der Gestank scheint sich bereits in meinem Kopf festgesetzt zu haben, denn ich habe das Gefühl, dass es hier draußen genau so widerlich süßlich riecht. Nachdem ich drei weitere Fenster geöffnet habe, rede ich mir die frische Luft einfach ein und gehe ins Zimmer zurück. Was ich hier vorfinde übertrifft alles bisher gesehene. Zeitungen und Müll sind fast bis zur Decke gestapelt. Jedes Fleckchen ist ‚zugemüllt', der Esstisch, die Stühle, der Couchtisch, das Sofa, die Sessel … lediglich auf dem Sofa ist zwischen den alten Zeitungen gerade einmal soviel Platz, dass ein ‚Hintern' dazwischen passt.

Während ich mir vorzustellen versuche, wie hier zwei Menschen gewohnt haben können, kommt Jennifer ins Zimmer.

„Und, ist es hier so, wie Sie es sich vorgestellt haben?“, fragt sie sonderbar selbstbewusst.

„Ein bisschen schlimmer ist es schon“, antworte ich ehrlich und bemühe mich, nur durch den Mund zu atmen.

Jennifer scheint nach etwas bestimmten zu suchen, denn sie wirft die Zeitungstürme vor dem Wohnzimmerschrank um, öffnet verschiedenen Türen und steckt sich schließlich eine kleine Zuckerdose in den Rucksack.

„Hast du alles?“, frage ich vorsichtig.

„Ja, ich bin gleich fertig.“

Während sie weitersucht, trete ich schon mal den Rückzug an. Mein Brechreiz ist kaum noch zu beherrschen. Dennoch werfe ich noch einen Blick ins Schlafzimmer. Wie nicht anders zu erwarten, erstickt auch dieser Raum im Müll. Einige Kleidungsstücke hängen übereinander auf Bügeln am Kleiderschrank, denn der Schrank selbst ließe sich gar nicht mehr öffnen. Auf dem Doppelbett liegt der Rest eines ehemaligen Lakens, selbst der Matratzenstoff ist schon durchgewetzt. Bettdecken scheint es überhaupt nicht zu geben. Im Badezimmer, an dem ich unweigerlich noch vorbeikomme, trocknet Wäsche an der Duschstange.

„Ich gehe schon einmal ins Treppenhaus“, rufe ich Jennifer zu, „und schaue, ob die Luft rein ist. Du möchtest doch nicht, dass dich die Nachbarn sehen.“

Aber obwohl ich die Wohnungstür hinter mir zuziehe, scheint sich der Gestank im gesamten Treppenhaus auszubreiten. Wieso hat keiner der Nachbarn etwas gemerkt, frage ich mich. Es kann doch nicht erst seit heute so stinken. Oder bilde ich mir das inzwischen nur ein?

Ein paar Minuten später erscheint Jennifer an der Tür und wieder wird mir übel, als mich der Geruchsschwall trifft.

„Ich bin dann soweit. Ich möchte nur noch ein paar Pflanzen mitnehmen, aber dabei müssten Sie mir helfen.“

Pflanzen? Ich habe keine gesehen.

Noch einmal muss ich mich zusammenreißen und die Wohnung betreten. Jennifer führt mich in das Kinderzimmer und auf dem Balkon. In den beiden Balkonkästen wuchern verschiedene Gräser, Löwenzahn und anderes Unkraut.

„Das hat sich hier ganz von selbst angesiedelt“, erklärt sie mir stolz.

Armes Mädchen, denke ich und schleppe einen der Kästen in den Treppenflur, Jennifer folgt mir mit dem zweiten.

Ihre Blumenkästen, ihr Rucksack und diverse Plastiktüten sind schnell in meinem Auto verstaut.

„Jetzt müssen wir nur noch mal in den Keller.“

Auch das noch!

Der Keller ist überraschend aufgeräumt. Jennifer kriecht in den hintersten Winkel und zerrt einen alten Kinderwagen hervor.

„Darin habe ich als Baby gelegen“, erklärt sie mir, „und hätte ihn gern als Andenken.“

Dieser Satz schnürt mir die Kehle zu, aber das Mädchen vergießt keine Träne. Sie steht vor mir, mit ihren hüftlangen, braunen Haaren und wischt den oberflächlichen Staub von dem Kinderwagen.

Als ich Jennifer wenig später mit ihren Habseligkeiten im Kinderheim abgeliefert habe, spreche ich anschließend noch mit der Heimleiterin und berichte ihr von den Bedingungen, unter denen das Mädchen in den letzten Monaten, vielleicht sogar Jahren gelebt haben muss. Wir sind beide sicher, dass Jennifer in absehbarer Zeit seelisch zusammenbrechen wird.

An diesem Abend ist mir nur noch zum Heulen zumute. Ich bade ausgiebig, werde aber den Geruch nicht los und fühle mich immer noch schmutzig.

Trotzdem mache ich mich am nächsten Tag noch einmal auf den Weg zu dieser Wohnung. Jennifer hat mir die Schlüssel überlassen, die ich dem Vormund übergeben soll. Ich will diese Wohnung fotografieren, um sie meinen Kollegen zu zeigen. Aber ich bekomme die Tür nicht auf, so sehr ich mich bemühe. Das Schloss lässt sich einfach nicht öffnen.

Im Nachhinein war ich froh darüber, nicht mehr diese Wohnung betreten zu müssen. Außer mir hat nur die Entrümpelungsfirma gesehen, unter welchen menschenunwürdigen Bedingungen das junge Mädchen leben musste.

Zu unser aller Überraschung brach Jennifer nicht zusammen. Sie lebte sich erstaunlich schnell ein, genoss einerseits die Fürsorge, die ihr im Heim zuteil wurde, kümmerte sich aber auch liebevoll um die jüngeren Heimgeschwister und war ein Gewinn für die ganze Gruppe. Einmal in der Woche besuchte sie weiterhin den Kinderbauernhof. Zusätzlich konnte ich für sie Reitstunden über eine Stiftung finanzieren lassen.

Kurz vor ihrem einundzwanzigsten Geburtstag zog sie in eine eigene Wohnung und begann, trotz eines guten Abiturs eine Ausbildung zur Tierpflegerin.

Diese junge Frau wird mir immer ein Rätsel bleiben.

Tod auf dem Dachboden

Aber solche relativen Erfolge stellten in unserer/meiner Arbeit eher die Ausnahme dar. Vielmehr gab es oft tragisch endende Fälle, die ich nur allzu gern verhindert hätte.

Ilona war so ein Fall. Sie lebte mit ihren fünf Geschwistern, drei davon jünger als sie, gemeinsam mit ihrer Mutter und einem Stiefvater in einem so genannten bürgerlichen Umfeld. Zwischen der Mutter und dem jüngeren Stiefvater bestand zwar ein Altersunterschied von zehn Jahren, aber die Ehe schien dennoch zu funktionieren. Wäre der Vater/Stiefvater nicht plötzlich arbeitslos geworden, hätte ich diese Familie vielleicht nie kennen gelernt.

Die Familie wurde sozialhilfebedürftig und irgendwann beantragte die Mutter neue Matratzen für ihre jüngsten Kinder. Alle drei seien Bettnässer. Das machte mich hellhörig, denn zwei der Kinder besuchten bereits die zweite beziehungsweise dritte Klasse der Grundschule. Ich versuchte der Mutter zu erklären, dass es seelische Gründe für das Bettnässen ihrer Kinder geben könne, doch sie wiegelte meine Bedenken ab. In ihrer Familie sei die Bettnässerei vererbt. Sie selbst und ihre älteren Töchter seien Bettnässer gewesen. Das würde sich auch bei den anderen Kindern schon in den nächsten Jahren von selbst erledigen.

Neue Matratzen wurden aufgrund meiner Befürwortung bewilligt, aber die Erklärung der Mutter reichte mir nicht. Irgendetwas stimmte nicht in dieser Familie.

Mein ungutes Gefühl bestätigte sich, als die Mutter einige Zeit später bei mir in der Sprechstunde erschien und mir ihre dreizehnjährige Tochter präsentierte.

„Sie müssen sofort etwas unternehmen“, forderte die Mutter. „Ich habe Ilona beim Haschischrauchen erwischt. Am besten ist es, wenn Sie sie sofort ins Gefängnis stecken, damit sie sich diesen Unsinn abgewöhnt.“

„Ilona ist noch nicht strafmündig, erst in ein paar Monaten, wenn sie vierzehn wird. Aber selbst wenn sie in den Jugendstrafvollzug käme, wäre das keine Garantie dafür, nicht weiter Drogen konsumieren zu können. Die Jugendlichen oder jungen Erwachsenen haben Möglichkeiten entwickelt, auch in der Haftanstalt an Drogen heran zu kommen. Manche von ihnen werden sogar erst in der Haftanstalt drogenanhängig."

„Dann muss sie eben in die Irrenanstalt. Dort kann ja wohl niemand Drogen einschmuggeln."

„Da wäre ich mir zwar nicht ganz sicher, aber ich glaube nicht, dass Ilona in die Kinderpsychiatrische Klinik aufgenommen würde. Aber Sie sollten doch mit Ihrer Tochter unseren Jugendpsychiatrischen Dienst aufsuchen. Vielleicht kann von dort eine Begutachtung des Mädchens veranlasst werden."

Meine Kolleginnen aus dem Gesundheitsamt, zu dem auch der Jugendpsychiatrische Dienst gehörte, sahen, nachdem sie das Mädchen kennen gelernt hatten, keine Notwendigkeit, sie stationär in die Klinik einweisen zu lassen, empfahlen aber, sie durch ambulante Maßnahmen wie eine sozialpädagogische Einzelfallhilfe zu unterstützen. Ich hielt dagegen eine vorübergehende Trennung von Mutter und Tochter für die bessere Lösung. Aber die Mutter lehnte alles ab. Stattdessen ließ sie Ilona über ihren Kinderarzt in die Kinderpsychiatrie einweisen.

Die inzwischen Vierzehnjährige hielt es keine zwei Tage in der Klinik aus. Sie terrorisierte das gesamte Klinikpersonal durch ständige Wutanfälle und Schreikrämpfe, und das war sicherlich nicht besonders traurig darüber, als Ilona von ihrer Mutter wieder abgeholt und tröstend in die Arme genommen wurde.

„Sie sollten sich für eine Weile von ihrer Tochter trennen", lautete die Empfehlung der Klinik, aber die Mutter glaubte sicher, nur in ihrer Familie sei das Mädchen gut aufgehoben.

Wenige Wochen später saß Ilona wieder vor mir, allein, ohne ihre Mutter. Die Pupillen ihrer vormals so schönen großen blauen Augen hatten sich stecknadelkopfgroß verengt.

„Du konsumierst inzwischen Heroin?", fragte ich.

Ilona nickte und wirkte wie ein Häufchen Elend.

„Weißt du, was du da tust?“, schrie ich sie beinahe an und rüttelte sie an den Schultern. „Ich brauche dir nicht zu erklären, dass du dich mit diesen Drogen zugrunde richtest, wenn du nicht Schluss damit machst. Du bist noch so jung und hast das Leben noch nicht einmal richtig kennen gelernt. Lass dir doch endlich helfen, noch hast du die Möglichkeit dazu.“

Ilona schien meine Verzweiflung zu spüren und sah mich traurig an. Aber sie konnte oder wollte sich nicht helfen lassen, weder von ihrer Familie noch von uns, dem Jugendamt. Heute glaube ich, dass sie sich damals ganz bewusst ins Abseits manövrierte.

Zur Beschaffung ihrer Drogen wurde Ilona straffällig. Zunächst beging sie kleinere Delikte und stand mehrfach vor dem Jugendrichter. Aber je mehr ihre Drogenanhängigkeit stieg, umso größer wurde ihre kriminelle Energie. Schon nach eineinhalb Jahren drohte ihr eine mehrmonatige Jugendstrafe. Doch der Richter hatte Mitleid mit der noch immer kindlich wirkenden Jugendlichen und schickte sie in Absprache mit dem Jugendamt in eine ‚Erlebnispädagogische Maßnahme’. In einem Bergdorf auf der Insel Mallorca sollten sechs Jugendliche Vorbereitungen für eine Wasserleitung treffen. Einer der jungen Menschen war Ilona. Das Mädchen freute sich riesig auf dieses Abenteuer und ich freute mich mit ihr. Ein halbes Jahr auf dieser Mittelmeerinsel leben zu können schien doch wirklich traumhaft zu sein. Aber Ilona nahm diese letzte Chance nicht wahr. Nach einer knappen Woche stahl sie mit zwei anderen Jugendlichen das Auto einer Mitarbeiterin, kutschierte damit über die Insel, wurde erwischt und sofort von der spanischen Regierung des Landes verwiesen, kam nach Deutschland zurück und konsumierte erneut harte Drogen.

Im Alter von knapp sechzehn Jahren wurde Ilona schwanger und zog mit dem Vater ihres Kindes, der zur Geburt des kleinen Jungen gerade achtzehn geworden war, in eine kleine eigene Wohnung in einen anderen Bezirk. Die Schwangerschaft schien die junge Frau verändert zu haben. Stolz spazierte sie mit ihrem kleinen Sohn Collin durch den Bezirk. Manchmal traf ich sie, wenn ich zu anderen Hausbesuchen unterwegs war. Aber so sehr ich es mir anders gewünscht hätte, Ilona wirkte nicht wie eine Mutter, sondern wie ein kleines Mädchen, das ihre Puppe spazieren führte.

Die junge Frau verbrachte immer öfter die Nachmittage bei ihrer Mutter. Immer häufiger ließ sie ihren Sohn auch über Nacht dort und holte ihn erst am nächsten oder übernächsten Tag wieder ab.

Trotzdem heirateten die beiden jungen Leute wenig später, und zunächst schien die kleine Familie gut mit ihrer Situation zurecht zu kommen. Der junge Mann ging einer, wenn auch schlecht bezahlten, Arbeit nach, während sich Ilona um das Baby kümmerte.

Doch dann war die junge Frau plötzlich verschwunden. Die Suche der Polizei erstreckte sich auf alle bekannten Drogenumschlagplätze in Berlin, doch dort hatte sie niemand gesehen.

Eine Woche nach ihrem achtzehnten Geburtstag fand man sie tot auf dem Dachboden, im mehrstöckigen Gebäude ihres Elternhauses. Sie hatte sich erhängt. In ihrem Blut wurde später eine kleine Menge Heroin nachgewiesen.

Als ich von dieser schrecklichen Nachricht erfuhr, war ich wie gelähmt. Ich sah dieses hübsche kleine blonde Mädchen vor mir, das nicht alt genug geworden war, um tatsächlich erwachsen zu werden. Aber vielleicht wollte sie genau das nicht: erwachsen werden!

Ich machte mir die bittersten Vorwürfe und fragte mich immer wieder, ob ich Ilona nicht eindringlich genug über die Folgen ihres Drogenkonsums aufgeklärt hatte. Doch meine Kollegen, mit denen ich darüber sprach, versuchten mich zu beruhigen. Ilona sei nicht an einer Überdosis gestorben, sie sei nicht einmal mehr aktuell drogenabhängig gewesen, sondern an ihrer kranken Seele zu Grunde gegangen. Und außerdem sei ich ja nicht mehr für sie zuständig gewesen. Das tröstete mich nur bedingt. Ich hätte Ilonas Nöte erkennen sollen, als ich noch für sie zuständig war!

Die Trauer der Mutter und des Stiefvaters um die tote Tochter dauerte für meinen Geschmack nicht wirklich lange. Schon vor der Beerdigung der jungen Verstorbenen entbrannte ein erbitterter Kampf um das Sorgerecht für deren kleinen Sohn Collin. Sowohl der leibliche Vater, als auch dessen Eltern beanspruchten das Kind für sich. Letztlich gewannen die Eltern der Kindesmutter, also Ilonas Eltern, obwohl ich gerade diese Lösung mit allen Mitteln zu verhindert versucht hatte. Bis auf deren älteste Tochter, die sich bereits in einer Berufsausbildung befand, waren alle anderen der vier noch in der Familie lebenden Kinder massiv gestört, um nicht zu sagen seelisch behindert. Alle litten unter mehr oder weniger stark ausgeprägten Sprachstörungen, waren Bettnässer, und bis auf den jüngsten Sohn, der sich nicht nur durch regelmäßiges Einkoten, völlige Sprachlosigkeit und Zurückhaltung auszeichnete, verhielten sie sich distanzlos.

In dieser Familie, der Mutter und ihrem etliche Jahre jüngeren Ehemann, stimmte irgendetwas nicht, hier stimmte etwas ganz und gar nicht.

Aber auf die Idee, dass es sich um sexuellen Missbrauch handeln könnte, kam ich damals nicht.

(Keine(r) von uns zog damals eine solche Erklärung bei Verhaltensauffälligkeiten von Kindern ernsthaft in Erwägung, waren wir doch Anfang der achtziger Jahre noch immer auf dem Stand, nur ‚böse, fremde Männer' könnten kleinen Mädchen so etwas antun.)

Ich weiß nicht, was letztlich aus Collin und Ilonas Familie geworden ist. Meine Erinnerungen sind zu vage, um sie hier aufzuschreiben. Aber ich kann mich noch sehr genau daran erinnern, wie ich zum ersten Mal mit einem sexuellen Missbrauch innerhalb einer Familie konfrontiert wurde und wie schwer es mir fiel, zu glauben, was mir die Nachbarn erzählten.

Time after Time
(von Cyndi Lauper)

Sabine lebte mit ihrem Vater in einer Eineinhalbzimmerwohnung in dem bereits mehrfach beschrieben Altbau im Hinterhaus, in dem ich oft andere Klienten besuchte, aber weder Sabine noch ihren Vater jemals sah…, bis auf den Tag, an dem das zehnjährige Mädchen zufällig an mir vorbeilief, während ich mich von einer anderen Klientin an der Wohnungstür verabschiedete.

„Um die Kleine müssten Sie sich auch mal kümmern“, sagte die Klientin, die ich nicht unbedingt als Klatschbase kannte.

„Wieso, was ist mit dem Mädchen?“

„Ja, so genau weiß ich das auch nicht, aber manchmal sitzt sie vor der Wohnungstür und weint. Doch sie sagt nicht, was sie bedrückt, wenn man sie anspricht. Vielleicht hat der Vater Geldsorgen.“

„Der Vater? Gibt es denn keine Mutter?“

„Soweit ich weiß nicht. Sie soll gestorben sein, aber andere Nachbarn aus dem Haus sagen, sie sei getürmt und lebe jetzt irgendwo in der Schweiz.“

„Ich werde mich darum kümmern“, versprach ich der Frau.

Wenige Tage später besuchte ich den Vater - unangemeldet - in seiner Wohnung. Der Mann reagierte nicht überrascht, zeigte mir bereitwillig das Kinderzimmer, den größten Raum dieser winzigen Wohnung und sein kleines Kämmerchen, in das er sich zum Schlafen zurückzog, sowie die penibel saubere kleine Küche.

„Ich habe gehört, dass Sabine öfter weinend vor der Haustür sitzt“, begann ich das unangenehme Gespräch, „welchen Grund könnte das haben?“

„Wahrscheinlich vermisst sie ihre Mutter. Die hat sich aus dem Staub gemacht, als wir uns vor sechs Jahren trennten.“

„Und hat sie sich danach nie mehr um Sabine gekümmert?“

„Nein, hat sie nicht, wenn man davon absieht, dass sie zu Weihnachten und zum Geburtstag eine Karte schreibt. Aber Sie müssen mich jetzt entschuldigen. Ich muss unbedingt noch heute

Sabines Bücher in die Leihbücherei zurückbringen, sonst muss sie Strafgebühr bezahlen. Das sind zwar nur ein paar Pfennige, aber wir, Sabine und ich, leben nicht gerade im Luxus. Und wenn ich zurückkomme, muss ich Essen kochen für uns beide. Ich bin zwar nicht der beste Koch, aber im Laufe der Jahre habe ich herausbekommen, was meiner Tochter schmeckt."

„Sind Sie damit einverstanden, wenn ich mich in der Schule erkundige, die Sabine besucht? Vielleicht rühren ihre vor der Tür vergossenen Tränen daher?

„Warum nicht? Ich gehe zwar regelmäßig zum Elternabend, aber vielleicht sagt man Ihnen mehr als mir. Ich würde auch gern wissen, was Sabine so bedrückt."

Ich glaubte dem Mann voll und ganz. Einen fürsorglicheren, allein stehenden Vater hatte ich bisher nicht kennen gelernt.

Nach einer, wenn auch ausführlichen Aktennotiz wanderte der Vorgang in meinem Aktenschrank, wo ich ihn vergaß. Doch einige Wochen später sprach mich die gleiche Nachbarin wieder an.

„Haben Sie sich um Sabine gekümmert?"

„Ja, habe ich", antwortete ich etwas schuldbewusst, „aber nach meinem Eindruck ist in dieser Familie alles in Ordnung."

„Ist es nicht", empörte sich die Frau. „Gestern saß die Kleine wieder heulend vor der Tür und ließ sich gar nicht mehr beruhigen. Da habe ich sie mit zu mir genommen und ihr erst einmal einen Kakao gemacht. Sehr redselig ist sie trotzdem nicht geworden, aber schließlich hat sie mir gebeichtet, dass ihr Vater sie ‚anpinkelt', wenn sie in ihrem Bett liegt."

„Er tut was?", fragte ich entsetzt zurück.

„Er pinkelt die Kleine an, wenn er nachts betrunken nach Hause kommt. Und anschließend weint er bitterlich und entschuldigt sich bei ihr. Aber wer weiß, ob das alles ist, was er mit ihr tut. Sie können auch noch andere Nachbarn befragen, die haben auch schon gesehen, wie der Vater torkelnd nach Hause kam."

„Aber der Mann lebt doch sehr sparsam und hat eigentlich gar kein Geld, um sich zu betrinken."

„Wenn die Jungs an der Trinkbude den richtigen Pegel erreicht haben, sind sie sehr spendabel. Und Sabines Vater braucht nicht viel, um besoffen zu sein, da er kaum etwas isst. Sabine hat mir erzählt, dass sie fast immer alleine isst, weil er behauptet, er habe schon gegessen."

Ich konnte nicht glauben, was ich da gerade erfahren hatte, bedankte mich trotzdem bei der Frau und ging in mein Büro zurück. Dieser Mann sollte solch schreckliche Dinge mit seiner Tochter tun, überlegte ich. Andererseits konnte sich die Frau das doch nicht einfach so ausdenken?

Schon am nächsten Tag läutete ich wieder an der Tür des Mannes und konfrontierte ihn mit dem Vorwurf.

Ich hatte große Schwierigkeiten, auszusprechen, was mir die Nachbarin berichtet hatte.

Der Mann schwieg.

„Ich werde Sabine mitnehmen müssen, bis der Verdacht aus der Welt geschafft ist", argumentierte ich kläglich.

„Sie wird nicht mitkommen wollen", antwortete der Vater leise. „Sie hat doch nur mich."

„Dann werde ich sie aus der Schule abholen und direkt im hiesigen Kinderheim unterbringen. Das fällt ihr vielleicht etwas leichter, und außerdem verliert sie nicht ihre Klassenkameraden."

Ich fühlte mich hundeelend, als ich die stillen Tränen des Vaters sah, aber ich konnte doch die massiven Hinweise nicht einfach ignorieren.

Sabine kam wortlos mit mir, als ich sie nach dem Unterricht abfing. Sie fragte nicht nach dem Grund, sie klagte nicht, sie weinte nicht. Sie war einfach still! Und auch mir fehlten die Worte.

Auch im Kinderheim schwieg sie wochenlang, antwortete nur, wenn es unvermeidlich schien. Lediglich in ihrem gewohnten Umfeld, ihrer Schulklasse, wirkte sie wie immer. Und jeden Tag besuchte sie heimlich ihren Vater. In unbeobachteten Momenten entschlüpfte sie aus dem Kinderheim und traf sich mit ihm. Würde ein Kind, das von seinem Vater sexuell missbraucht wurde, freiwillig zu ihrem Peiniger zurückkehren? Meine ohnehin bestehenden Zweifel wuchsen.

Zehn Monate vergingen, bevor sich Sabine der Heimpsychologin anvertraute und die gegen ihren Vater erhobenen Vorwürfe bestätigte, ohne weitere Einzelheiten zu nennen. Somit stand fest, dass Sabine nicht mehr zu ihrem Vater zurückkehren konnte. Meine Kolleginnen aus der Abteilung ‚Heim-und Familienpflege' waren der Ansicht, Sabine sei besser in einer Familienpflegestelle in Westdeutschland untergebracht, als weiterhin im bezirkseigenen Heim zu verbleiben, der dem Mädchen jederzeit die Möglichkeit bot, sich mit ihrem Vater zu treffen.

Dem konnte ich nichts entgegensetzen.

Als die Entscheidung gefallen war, besuchte ich Sabine im Kinderheim und fragte sie, was sie sich zu ihrem elften Geburtstag wünsche. Ich hoffte, damit mein schlechtes Gewissen beruhigen zu können.

Sabine überlegte nicht lange. „Ich wünsche mir die Platte von Cyndi Lauper, time after time'!"

„Wie schreibt sie sich ", fragte ich zurück.

„Weiß ich nicht so genau, aber das Lied ist ziemlich bekannt."

Mir waren sowohl der Titel als auch die Interpretin unbekannt. Mit Magenschmerzen ging in ein großes Berliner Kaufhaus und fand die Schallplatte tatsächlich. Sabine nahm ihr Geschenk an, zeigte aber keinerlei Reaktion. Später dachte ich, dass sie alle ihre Gefühle auf Eis gelegt hatte: die positiven wie die negativen.

Das Familiengericht entzog dem Vater die elterliche Sorge für Sabine und übertrug sie einem Vormund. Der Vater nahm die Entscheidung gelassen hin.

Nach dem Gerichtstermin trafen wir uns vor dem Gebäude an den Fahrradständern wieder. Ich hatte keine Ahnung, dass auch der Vater, so wie ich, mit dem Rad gekommen war. Eigentlich hätten wir zusammen zurückradeln können, es wäre der gleiche Weg gewesen. Doch ich schob einen anderen wichtigen Termin vor, um Zeit und Abstand zu gewinnen.

„Dann wünsche ich Ihnen alles Gute“, verabschiedete sich der Mann freundlich und stieg auf seinen Drahtesel.

Ich sah ihm nach, bis er an der nächsten Ecke abbog.

Ein knappes Jahr später erreichte mich eine neue Hiobsbotschaft: Sabine war von ihrem Pflegevater sexuell missbraucht worden.

Ich weiß nicht, wie ihr weiteres Leben verlaufen ist, aber bis heute denke ich an Sabine, wenn ich ‚time after time’ höre, obwohl alles zweiundzwanzig Jahre zurückliegt.

Verdacht und Misstrauen

Sabines Fall löste im Kollegium heftige Diskussionen aus. Hatten wir in anderen Familien nicht etwas übersehen? War sexueller Missbrauch vielleicht die Erklärung für viele unerklärliche Verhaltensauffälligkeiten der Kinder?

Unser Misstrauen war geweckt!

Unterstützt wurden wir darin von einer neuen Kollegin, die bereits hinlängliche Erfahrungen mit dieser Thematik hatte, was uns überraschte. Viele von uns nutzten daraufhin Fortbildungsangebote, die zunächst spärlich sprossen, allerdings schon nach kurzer Zeit regelrecht wucherten, um bei diesem Beispiel zu bleiben. Plötzlich wussten viele Experten Bescheid!

Alles, was ich an Informationen bekommen konnte, sog ich in mich auf und kaufte alle Bücher, die zu diesem Thema auf den Markt schwemmten.

Und während ich früher auf beiden Augen blind gewesen sein musste, war ich schon bald nur noch misstrauisch und schöpfte schon Verdacht, wenn ein Vater seiner kleinen Tochter liebevoll den Po tätschelte.

Zum Glück ging es nicht nur mir so. Auch andere Kolleginnen witterten jetzt überall sexuelle Übergriffe.

Und das, was früher nicht sein durfte, weil es so unglaublich erschien, griff auch auf die Presse über, die immer häufiger über sexuellem Missbrauch innerhalb der Familie berichtete. Zahlen tauchten auf: Über neunzig Prozent aller Kinder würden von Familienangehörigen oder Personen aus dem engeren Umfeld missbraucht. Kaum zehn Prozent seien so genannte ‚Fremdtäter'

(Über den Begriff ‚sexueller *Missbrauch*' wurde später heftig diskutiert. Sexuell *miss*brauchen kann man nur jemanden, den man auch sexuell *ge*brauchen kann. Doch für ein Kind schließt sich sexueller *Gebrauch* schlichtweg aus. Wir versuchten, statt dessen ‚sexuelle Miss*handlung'* durchzusetzen, aber der sexuelle Missbrauch ist in den Köpfen hängen geblieben.)

Um wieder mit etwas mehr Objektivität an die Arbeit mit den Familien herangehen zu können, gleichzeitig aber auch unsere Aufmerksamkeit zu schulen, beschlossen wir, eine Arbeitsgruppe zu bilden, um ‚Fälle' gemeinsam zu besprechen. ‚Teamarbeit' war zu diesem Zeitpunkt noch ein Fremdwort in unserem Jugendamt. Anfangs stießen wir auf massiven Widerstand mit unserer Idee. ‚Wir hätten wohl nicht genug zu tun', wurde uns vorgeworfen und ‚für ein gemütliches Kaffeetrinken unter Kolleginnen' würden wir nicht bezahlt. Doch wir fanden andere Befürworterinnen innerhalb des Bezirksamtes. Einige Wochen später gründeten wir die ‚Vernetzungs- AG', eine Gruppe von ungefähr fünfzehn Mitarbeiter/Innen, die sich aus Sozialarbeiter/Innen des Jugendamtes, des Gesundheitsamtes und Ärztinnen (Jugendgesundheitsdienst, Jugendsozialpsychiatrischer Dienst, Sozialpsychiatrischer Dienst), der Kindertagesstättenberatung, der Heimberatung sowie dem Schulpsychologischen Dienst zusammensetzte.

Anfangs schienen wir ein erfolgreiches Projekt gestartet zu haben. Wir trafen uns zweimal im Monat, holten Experten in die Runde, besprachen grundsätzliche Dinge und stellten anonymisierte Fälle vor. Doch dann bekamen einige aus der Gruppe kalte Füße!

Konkrete Fälle dürften nicht zum Thema werden, da sich das schon aufgrund der Schweigepflicht verbiete.

Kontroverse Diskussionen folgten. War die ärztliche Schweigepflicht höher zu bewerten als das Wohl eines Kindes?

Unsere Gruppe schrumpfte auf neun oder zehn Personen und arbeitete einige Jahre relativ effektiv. Doch die zunehmende Arbeitsbelastung und Stellenkürzungen zwangen uns dazu, uns weiter zu reduzieren, bis aus der Gruppe, mit der wir einst euphorisch begonnen hatten, tatsächlich nur noch ein ‚Kaffeekränzchen' geworden war. Doch immerhin hatten wir erreicht, unsere eigene, anfängliche Missbrauchshysterie wieder in geordnete Bahnen zu lenken. Der sexuelle Missbrauch gehörte nun zu unserem Arbeitsalltag genau so selbstverständlich wie andere körperliche Misshandlungen. Aber wir blieben hellhörig und mussten uns daran gewöhnen, dass auch Jungen von sexuellen Übergriffen betroffen waren, nicht nur durch Männer, sondern manchmal auch durch ihre Mütter.

Für eine Mutter, die ich jetzt nicht näher beschreiben möchte, schien es völlig normal zu sein, am Penis ihres siebenjährigen Sohnes herumzuspielen und sich an dessen Erregung zu erfreuen. Das sei in ihrer Religion ebenso üblich und gut für die Söhne. Die Mutter selbst benahm sich sexuell sehr auffällig. Wenn sie ihren Sohn aus dem Kindergarten abholte, hob sie schon mal ihre Röcke und fragte anwesende Väter ‚ob sie mal wollten'.

Der Junge verhielt sich nicht nur äußerst aggressiv im Umgang mit anderen Kindern sondern auch gegenüber Erwachsenen. Er trat und schlug seine Mutter und sprang auf seiner alten zerbrechlichen Großmutter herum, so als sei sie ein Trampolin. Aber keine der Frauen war in der Lage, dem Kind Grenzen zu setzen. Ständig versuchte eine der Frauen, etwas in das Kind ‚hinein zu stopfen', eine Mohrrübe, Kräutertee, ungesäuertes Brot und so weiter. Der Junge schluckte brav, was man ihm anbot, um es unmittelbar danach wieder auszuspucken, auf den Teppich, auf das Sofa oder die Großmutter,

Dieser kleine, stämmige Bursche schien die beiden Frauen vollständig zu beherrschen. Wahllos warf er mit harten Gegenständen, und wenn die Oma von einem Bauklotz getroffen wurde, zuckte sie allenfalls zusammen und rieb sich den Kopf. Und wenn tatsächlich von Mutter oder Großmutter ein schwacher Protest geäußert wurde, zog sich der Junge die Hose herunter und sprang mit seinem kleinen erigierten Glied und grinsendem Gesicht vor den beiden Frauen herum und störte sich nicht einmal an meiner Anwesenheit. Ich war nicht nur fassungslos, sondern auch sicher, dass die massiven Störungen dieses Jungen in einem Missbrauch, nicht nur sexueller Natur, begründet waren.

In der Schule wurde der Junge zunehmend untragbarer. Die Mutter lehnte alle Hilfsangebote des Jugendamts vehement ab. Und obwohl die Situation immer weiter eskalierte, wurde mir von der Religionsgemeinschaft, der die Familie angehörte, praktisch verboten, vormundschaftsgerichtliche Maßnahmen gegen die Mutter einzuleiten. Ich tat es trotzdem und erhielt daraufhin mehrere Schreiben aus dem Ausland mit den wüstesten Beschimpfungen und Beleidigungen.

Das Vormundschaftsgericht schien sich vor Anfeindungen mehr zu fürchten als ich, denn die Mutter behielt das Sorgerecht für ihren Sohn, und ihr wurden lediglich Auflagen erteilt, die sie schon nach kurzer Zeit boykottierte.

Ich ärgerte mich maßlos darüber, dass hier mit zweierlei Maß gemessen wurde. Das Wohl eines Kindes durfte doch nicht davon abhängen, ob sich durch das Eingreifen des Jugendamts bestimmte – in Deutschland lebende Bevölkerungsgruppen anderer Religionen – diskriminiert fühlten. Aber auch in den höheren Etagen meines Amtes bekam ich keine Unterstützung. Niemand wollte schließlich als ‚Nazi' bezichtigt werden. Das hatte ich schon hinter mir.

„Du kannst nicht alle Kinder retten", sagte eine Kollegin später zu mir, als ich frustriert den letzten Vermerk in die Akte schrieb.

Ein schwacher Trost, wenn man bedenkt, wie viel Zeit ich bei der Arbeit in diese Familie investiert hatte.

Und Zeit für unsere vielfältigen Aufgaben hatten wir alle viel zu wenig! Wären nicht unsere Praktikant/Innen, die zwischen drei und sechs Monaten bei uns beschäftigt waren, nicht gewesen, hätten wir oftmals nicht mehr weiter gewusst.

Wenn zwei sich streiten

Bei jeder Scheidung von Ehen, aus denen Kinder hervorgegangen sind, wird das Jugendamt vom Familiengericht dazu aufgefordert, eine Stellungnahme darüber abzugeben, welchem Elternteil die elterliche Sorge übertragen werden soll. Und es gibt viele Scheidungen! Manchmal landeten bis zu drei oder vier Anfragen des Familiengerichtes pro Woche auf unseren Schreibtischen. Und jede Anfrage barg Kinderschicksale und eine Menge Arbeit für uns und oftmals nicht enden wollene Gespräche mit zumeist zerstrittenen Eltern, die wir mit ihnen führen mussten, um herauszufinden, welche Regelung ‚am ehesten dem Wohle des Kindes entspricht'. Und obwohl die Zeiten, in denen Ehepartner nur schuldig oder nichtschuldig geschieden wurden, seit Anfang der siebziger Jahre endgültig vorbei sind, und damals nur dem ‚nichtschuldig' geschiedenen Ehepartner die elterliche Sorge übertragen werden konnte, überhäuften uns die Eltern immer noch mit gegenseitigen Vorwürfen und Bezichtigungen.

Manche Ehepartner zogen ‚alle Register'. Einige, wenn zum Glück nur wenige Mütter nutzen die aufgekommene Aufmerksamkeit und behaupteten, der Vater würde die gemeinsame Tochter sexuell missbrauchen. Bei solchen Vorwürfen schrillten bei uns natürlich sämtliche Alarmglocken. Aber nur in einem Fall waren die Hinweise so gravierend, dass ich der Mutter riet, dem Vater gerichtlich den Umgang mit dem Kind verbieten zu lassen.

Viele Mütter waren durch die zunehmende Berichterstattung schlichtweg verunsichert. Je nach Kompetenz berieten wir die Mütter selbst oder verwiesen an entsprechende Beratungsstellen wie zum Beispiel ‚Wildwasser'.

Doch es gab durchaus auch Väter, die mit allen und nicht immer fairen Mitteln um das Sorgerecht für ihre Kinder kämpften. Ein Vater gab mir gegenüber offen zu, dass er sich lieber selbst um seinen Sohn kümmern wolle, als Unterhalt für ihn und die Kindesmutter zu zahlen.

In den Anfängen meiner Tätigkeit beim Jugendamt stellte eine Übertragung der elterlichen Sorge auf den Vater eine absolute Ausnahme dar, und die gemeinsame Ausübung der elterlichen Sorge beider Eltern auch *nach* der Scheidung erschien damals genau so utopisch wie ein bemannter Raumflug auf den Mars.

Klagen von Eltern, die sich einig waren und trotz der Beendigung ihrer Ehe ‚sorgeberechtigte Eltern' bleiben wollten, wurden abgeschmettert, kaum vorstellbar in der heutigen Zeit, wo selbst Vätern von nichtehelich geborenen Kindern ein Sorgerecht zusteht.

Die vorherrschende Meinung, dass Kinder nach der Trennung der Eltern zur Mutter gehören, hielt die meisten Väter davon ab, sich um das Sorgerecht zu bemühen, denn sie gingen, mit wenigen Ausnahmen zu recht davon aus, ohnehin vor dem Familiengericht kaum eine Chance zu haben. Und die meisten Väter trauten es sich nicht zu, allein für ihre Kinder verantwortlich zu sein bzw. wollten es nicht sein.

Ein Ausnahmefall war Lydias Vater, der sich nach dem Auszug aus der ehelichen Wohnung räumlich zwar sehr verkleinern musste, da er den Unterhalt für die bei der Mutter verbliebene Tochter zahlen musste, trotzdem aber ein kleines Zimmer für die achtjährige Lydia einrichtete, während er in dem zweiten Raum seines Appartements wohnte, schlief und kochte.

Lydias Mutter, eine kühle, blondierte Frau, die ich nach dem ich beim Vater gewesen war, zu Hause besuchte, richtete ihre Wohnung nur nach optischen Gesichtspunkten ein, wie mir schien. Die Gardinen passten farblich ebenso zu den Sesseln wie die zwei Bilder über dem Sofa. Nichts in dieser Wohnung strahlte so etwas wie Gemütlichkeit aus, alles wirkte so kühl wie die Frau selbst. Aber vor allem deutete nichts darauf hin, dass in dieser Wohnung ein kleines Mädchen wohnen würde.

Die Frau ließ kein gutes Haar an ihrem Mann, als sie mich an den Küchentisch bat und unentwegt redete. Aber das wollte ich mir nicht anhören.

„Könnten Sie mir bitte Lydias Kinderzimmer zeigen?"

„Lydia braucht noch kein eigenes Zimmer. Sie kann noch überall spielen. Außerdem ist diese Wohnung zu klein."

„Aber Sie haben doch *drei* Zimmer, wenn ich richtig informiert bin."

„Ja, das ist richtig. Ich habe ein Wohnzimmer, ein Schlafzimmer und das dritte, das kleinste, benötige ich als Arbeitszimmer. Ich nähe meine und Lydias Kleidung selbst und manchmal brauche ich den Raum einfach, um mich zurückzuziehen."

„Aber könnten Sie sich nicht auch im Wohnzimmer ‚zurückziehen', während Lydia ihren eigenen kleinen Bereich hat?", fragte ich vorsichtig. „Und wo ist überhaupt ihr Spielzeug? Ich habe keines gesehen."

„Lydia hat ihren Platz im Schlafzimmer und genießt es, wenn wir abends zusammen zu Bett gehen. Ihr Spielzeug räumt sie immer gleich weg, wenn sie es gebraucht hat."

„Dürfte ich Lydias Schlafplatz einmal sehen?"

„Ja, warum nicht?"

Die Mutter zeigte mir ein Doppelbett in einem Schlafzimmer, das aussah wie direkt aus einem Möbelprospekt bestellt. Das einzige, was störte, war ein kleines Stofftier, das mit einer Stecknadel über Lydias Schlafplatz angeheftet worden war.

In meiner Stellungnahme gegenüber dem Familiengericht sprach ich mich eindeutig dafür aus, dem Vater die elterliche Sorge für Lydia zu übertragen. Ich hatte sowohl Vater und Mutter mehrmals im Kontakt mit Lydia beobachtet und festgestellt, wie warm der Vater mit seiner Tochter umging, wenn sie ihn etwas fragte oder um etwas bat. Und obwohl er eigentlich in Konkurrenz zu der Mutter stand, verlor er kein einziges böses Wort über sie.

Bei der Mutter hatte ich stattdessen den Eindruck gewonnen, dass sie Lydia eher wie ihr Eigentum ansah, als eine echte, gefühlsmäßige Bindung zur ihrer Tochter zu haben und sie deshalb nicht hergeben wollte. Und auch der Umstand, dass der Mann ***sie*** verlassen hatte (und nicht umgekehrt) spielte eine nicht unwichtige Rolle bei ihrem Kampf um das Sorgerecht.

Trotz meiner Stellungnahme obsiegte schließlich die Mutter im Familiengerichtsverfahren und sie erhielt die elterliche Sorge, allerdings wurde dem Vater ein großzügiges Umgangsrecht eingeräumt.

Das war nicht die Entscheidung, die ich mir für die kleine Lydia gewünscht hatte. Doch damals taten sich die Familiengerichte noch sehr schwer damit, Vätern das Sorgerecht zu übertragen.

Die Mutter fand ziemlich schnell einen neuen Partner, der wenig später bei ihr einzog. Lydias Schlafplatz war ab sofort das Sofa im Wohnzimmer.

Ein knappes Jahr nach der Scheidung stellte der Vater einen Änderungsantrag und bekam Recht!

Ich muss zugeben, dass ich mich einer gewissen Parteilichkeit nicht erwehren konnte und mich für den Vater freute. Einige Wochen nach dem Gerichtstermin besuchte ich ihn in seiner neuen Wohnung und Lydia zeigte mir stolz ihr eigenes Zimmer, eine Jungmädchenidylle in Rosa und Weiß.

Wochenendkinder

Waren die Ehen der Eltern mehr oder weniger ‚glücklich' geschieden, brach oftmals erst der eigentliche ‚Krieg' aus, der Kampf ums Umgangsrecht, der manchmal länger und härter geführt wurde als der um die eigentliche elterliche Sorge. Und wieder waren wir als Jugendamt gefragt, welche Regelung dem ‚Wohle des Kindes' am ehesten entspricht. Aber wie definiert man in diesem Zusammenhang das Kindeswohl, wenn die Eltern hinsichtlich des Kontaktes des nichtsorgeberechtigten Elternteils mit dem Kind um Minuten feilschen?

Ich war an einem Fall beteiligt, der eigentlich zu grotesk wirkt, um wahr zu sein,

Einem Vater, wenn ich mich recht erinnere, war er Lehrer in einer Sonderschule, war das Sorgerecht für den siebenjährigen Tim übertragen worden. Der Mutter, einer Arzthelferin, war ein für meine Begriffe sehr eingeschränktes Umgangsrecht eingeräumt worden. Aber ich lernte die Eltern erst kennen, als der Vater mit seinem Sohn in meinen Bezirk gezogen war.

Eines Tages saß die völlig verzweifelte Mutter in meinem Büro.

„Mein Mann, mein geschiedener Mann, will mir das Umgangsrecht mit meinem Sohn verbieten lassen, nur weil ich Tim am letzten Wochenende zehn Minuten später als abgemacht nach Hause, also zu seinem Vater zurückgebracht habe. Hier, lesen Sie. Dieser Brief seines Anwaltes kam heute mit der Post."

Der Frau fiel es schwer, ihre Tränen zurückzuhalten.

„Tim und ich waren im Kino und haben danach noch ein Eis gegessen, in einem Cafe. Es war viel Betrieb und die Kassiererin kam ewig lange nicht, und ich konnte nicht bezahlen. Hätte ich etwa die Zeche prellen sollen, nur um pünktlich zu sein? Es waren doch nur zehn Minuten!"

„Wie haben Sie das Umgangsrecht geregelt?"

„Alle zwei Wochen darf ich Tim von Samstag um 15.00 Uhr bis Sonntags um 18.00 Uhr zu mir nehmen."

„Warum ist Ihr Umgangsrecht so eingeschränkt?“, fragte ich verwundert.

„Weil mein Mann vor dem Familiengericht behauptet hat, ich sei psychisch labil und könnte meinen Sohn negativ beeinflussen. Nur deshalb hat er ja überhaupt erst das Sorgerecht bekommen.“

„Und sind Sie … psychisch labil?“

„Ich hatte eine ziemliche Krise, als sich mein Mann von einem Tag auf den anderen von mir trennte und zu einer fast zwanzig Jahre jüngeren Frau zog, Und ich habe auch versucht, mich umzubringen, weil ich so verzweifelt und verletzt war. Doch in Wirklichkeit wollte ich leben … für meinen Sohn und mich. Ich kam in die Klinik und in den sechs Monaten, die ich dort verbrachte und in denen Tim bei seinem Vater und seiner jugendlichen Stiefmutter lebte, glaubte ich am Ende selbst, meinem Sohn keine gute Mutter sein zu können. Aber ich wollte ihn trotzdem sehen und wenigstens ein paar Stunden bei mir haben.“

„Und wie geht es Ihnen heute?“

„Wunderbar! Ich habe einen neuen Partner gefunden und, wenn wir auch noch nicht ständig zusammenleben, wäre ich rundherum glücklich, wenn ich jetzt nicht diesen Brief bekommen hätte. Ich habe mich ja notgedrungen damit abgefunden, Tim bei seinem Vater lassen zu müssen, aber mir das Umgangsrecht jetzt völlig absprechen zu wollen, geht einfach zu weit.“

„Haben Sie eine Erklärung dafür, warum sich Ihr geschiedener Mann so über diese lächerlichen zehn Minuten aufgeregt hat?“

„Weil er ein Pendant ist und sich darüber hinaus ärgert, dass mir überhaupt ein Umgangsrecht eingeräumt worden ist. Am liebsten würde er vor Tim meine Existenz völlig leugnen. Soll ich Ihnen einmal erzählen, wie so ein Besuchswochenende abläuft? Um Punkt 15.00 Uhr kommt mein Sohn aus dem Haus gelaufen, ohne Gepäck, ohne Wäsche zum Wechseln und mit den ältesten Klamotten. Mein geschiedener Mann verlangt, dass ich selbst für die Bekleidung zu sorgen hätte. Dabei bleibt doch kaum Zeit, mit meinem Sohn einkaufen zu gehen. Aber ich kann mich mit ihm, so wie er mir vom Vater ‚übergeben’ wird, ja auch nirgendwo sehen lassen. Also kaufe ich ihm neue Bekleidung, was mir finanziell ziemlich schwer fällt, da ich ja auch noch den Unterhalt für meinen Sohn bezahlen muss. Anfangs habe ich meinem Sohn seine neuen Sachen mitgegeben, wenn ich ihn am Sonntagabend um 18.00 Uhr wieder bei seinem Vater ablieferte, aber die sah ich nie wieder. Jetzt muss Tim sich immer erst umziehen, bevor ich ihn nach Hause bringe … nach Hause bringe, wie sich das anhört, wenn ich das sage. So als hätte ich für alle Zeiten akzeptiert, dass Tims Zuhause bei seinem Vater sein wird.“

Die Frau unterdrückte mühsam ihre Tränen.

„Sie müssten einmal erleben, wie es ist, wenn ich an dem Besuchswochenende fünf oder zehn Minuten zu früh vor dem Haus meines geschiedenen Mannes eintreffe. Ich komme lieber zu früh als nur eine Minute zu spät. Aber dann steht Tim schon oben am Fenster. Er sieht mich, ich sehe ich ihn, in seinen abgewetzten Sachen. Er winkt mir schwach zu, versucht mit den Lippen Worte zu formulieren und ich weiß, dass in diesem Moment sein Vater hinter ihm steht. Aber keine Minute, keine Sekunde vor 15.00 Uhr lässt er ihn zu mir herunter.

Wenn ich jetzt zu früh dran bin, parke ich in einer Nebenstraße. Es ist unerträglich, meinen Sohn so offensichtlich leiden zu sehen.“

Was auch immer dazu geführt hatte, dem Vater die elterliche Sorge für Tim zu übertragen, es konnten ja durchaus berechtigte Gründe geben, war die Ausgestaltung des Umgangsrechtes eine Zumutung und vor allem eine seelische Belastung für das Kind.

In mehreren gemeinsamen Gesprächen mit den Eltern versuchte ich die starre Haltung des Vaters wenigstens ein wenig aufzuweichen, aber mit dem Mann war nicht zu reden. Nie zuvor hatte ich einen stureren, verbohrteren, überheblicheren Prinzipienreiter kennen gelernt als ihn.

Und eines wurde mir immer deutlicher. Diesem Mann ging es nicht um sein Kind, sondern darum Macht auszuüben und damit seiner geschiedenen Ehefrau weh zu tun.

Nach den gescheiterten Gesprächen fühlte sich die Mutter stark genug, das Sorgerechtsverfahren erneut aufzurollen. Nach einem kinderpsychologischen Gutachten, einer psychologischen Begutachtung der Mutter und meiner Stellungnahme wurde schließlich die elterliche Sorge der Mutter übertragen.

Der Vater verzichtete anschließend auf sein Umgangsrecht.

Zwei Söhne und eine Tochter

Eines Morgens wachte ich schweißgebadet auf und überlegte fieberhaft, welcher Familie tatsächlich durch meine Tätigkeit geholfen worden war. Mir fiel keine ein! Doch nach einer erfrischenden Dusche und einer Tasse Kaffee erinnerte ich mich plötzlich an Frau L. und ihre Söhne.

Frau L. war mir von Anfang an sympathisch, obwohl mir die Art und Weise, wie sie mit ihren beiden Söhnen umsprang, absolut nicht gefiel. Sie sah trotz ihres burschikosen Gesichtes und der kurzen blonden Haare älter aus als fünfundzwanzig und wirkte auch reifer.

Die Regie über ihre Söhne, acht und sechs Jahre alt, führte sie vom Wohnzimmer aus, auch wenn die Jungen im Kinderzimmer das unterste nach oben kehrten.

Sie nahm einen Schluck Kaffee, brüllte aus Leibeskräften und für einen Moment kehrte wieder Ruhe ein, für einen Moment!

Bei meinem ersten Hausbesuch dachte ich, diesen Lärmpegel nicht mehr lange ertragen zu können, aber ich gewöhnte mich im Laufe der Zeit daran, wie auch die Kinder, denen die mahnenden Worte der Mutter sonst wo vorbei gingen.

Der Chaot der Familie war der ältere Sohn Tobias, ein dickliches Kind mit großen Fäusten, mit denen er alles zertrümmerte was ihm im Weg stand, wenn ihm irgendwas nicht passte. Er hatte bereits zwei Doppelstockbetten in seine Einzelteile zerlegt und einen Kleiderschrank zertrümmert, wenn man von einigen anderen Kleinteilen absah, die seinen Fäusten schon zum Opfer gefallen waren.

Frau L. setzte ihre Kaffeetasse ab und zeigte mir das Kinderzimmer. An der Wand lehnten die Restbestände des Bettes und der Schranktüren, und auf dem Boden lagen zwei zerfetzte Matratzen. Der Rest war übersät von Plastikspielzeug, auf dem Tobias mit seinen überschüssigen Kilos fröhlich grinsend herumsprang.

„Das haben wir den beiden gerade zu Weihnachten geschenkt, aber nichts mehr davon ist heil“, stöhnte die Mutter.

Ich sah mich weiter um und versuchte, nicht auf irgendeinem Spielzeug auszurutschen. Der Schrank sah aus wie neu, wenn nicht die Türen gefehlt hätten und die Seitenwände auseinander zu brechen drohten.

Die Mutter fing meinen Blick auf. „Ja, der Schrank ist kaum ein halbes Jahr alt, aber Tobias ist nicht zu bremsen, wenn er wütend ist. Trotzdem brauche ich einen Ersatz."

„Den sollen Sie ja auch bekommen, wenn ich auch nicht glaube, dass Ihnen das Sozialamt noch einmal neue Möbel gewähren wird, aber viel wichtiger scheint mir zu sein zu überlegen, wie sie mit den Aggressionen Ihres Sohnes umgehen müssen. Ich nehme an, er wird sich in der Schule nicht viel anders verhalten."

„Nein, tut er nicht. Aber was soll ich denn machen? Ich kann doch nicht mehr tun, als ihn zu bestrafen mit Stubenarrest oder Fernsehverbot. Schlagen würde ich ihn nie. Und das Schlimme ist, der Kleine macht ihm inzwischen alles nach."

Der ‚Kleine', Sven, stellte sich als zierlicher, hübscher, weißblonder Junge heraus, dessen tiefblaue Augen wohl auch noch bei Dunkelheit leuchten würden.

Ich zog die ‚Allzweckwaffe' aus der Tasche und schlug der Mutter eine Familienhilfe vor, aber sie reagierte skeptisch. Mit dem Jugendamt wolle sie nichts zu tun haben, und mit ihr, ihrem Lebensgefährten und dem ‚Kleinen' sei ja auch alles in Ordnung.

„Was halten Sie dann von einer ‚Einzelfallhilfe' für Tobias?", fragte ich die Mutter. „Eine ausgebildete Fachkraft würde sich dann nur mit Tobias befassen und Sie erzieherisch beraten."

„Und was muss ich dazu tun?"

„Lediglich einen Antrag stellen, aber ehrlicherweise muss ich Ihnen dazu sagen (ich konnte die Frau nicht belügen), dass Tobias zunächst jugendpsychiatrisch begutachtet werden muss. Erst wenn eine seelische Behinderung festgestellt wird, kann Ihr Sohn eine solche Hilfe erhalten."

„Aber mein Tobias ist doch nicht behindert!"

Aufgebracht stand die Mutter auf und baute sich vor mir auf. „Das können Sie gleich vergessen."

„Um diese im Vergleich zu einer Familienhilfe wesentliche teurere Maßnahme, also die sozialpädagogische Einzelfallhilfe durchzusetzen, müssen gravierende Gründe vorliegen. Aber dafür bekäme Ihr Sohn dann auch die beste Hilfe, die wir ihm geben können. Stören Sie sich doch nicht an dem Wort ‚behindert'. Das heißt doch nicht, dass er geistig oder körperlich behindert ist. Sein Verhalten deutet auf eine seelische Behinderung hin, und in diesem Fall bedeutet ‚Behinderung' dass Tobias mit irgendwelchen Problemen in seiner kindlichen Seele nicht fertig wird und sich durch seine Aggressionen abreagiert. Eine seelische Behinderung kann viele Ursachen haben, Eifersucht auf den Vater, den ..."

„Tobias hat keinen Vater", unterbrach mich die Mutter. „Er ist das Produkt einer Vergewaltigung. Ich war erst siebzehn Jahre alt, als mich dieser Mann zum Geschlechtsverkehr zwang. Ich war damals obdachlos, von zu Hause abgehauen und froh über jeden, der mich bei sich aufnahm. Irgendwann geriet ich an diesen Mann, der sich wie ein Vater verhielt. Wir hatten eine schöne Zeit miteinander, aber irgendwann ist es dann passiert. Wenn ich nicht so betrunken gewesen wäre, hätte ich mich vielleicht wehren können. Seitdem rühre ich keinen Alkohol mehr an."

„Oh Gott", entfuhr es mir. „Haben Sie den Mann angezeigt?"

„Das konnte ich damals nicht. Ich habe mich zu sehr geschämt, denn ich fühlte mich selbst zu schuldig."

„Und heute? Die Tat ist noch nicht verjährt?"

„Der Mann ist gestorben. Er war damals schon sehr alt, jedenfalls für mich."

„Lassen Sie es Ihren Sohn spüren, dass er auf diese Weise entstanden ist?"

„Im Gegenteil, ich liebe ihn mehr als meine anderen Kinder." (Aus der Akte wusste ich, dass eine Tochter von ihr seit zwei Jahren in einer Pflegestelle lebte.) „Ich muss Mutter und Vater für ihn sein, obwohl er meinen Lebensgefährten für seinen Vater hält. Aber irgendwann werde ich ihm doch die Wahrheit sagen müssen?"

„Das können nur Sie allein entscheiden, aber vielleicht reicht es, wenn er erfährt, dass sein Vater tot ist. Ich kann nicht einschätzen, was die volle Wahrheit über seine Herkunft bei ihm auslösen würde. Aber noch ist Tobias ohnehin zu jung dazu, und später können Sie sich immer von einem Psychologen beraten lassen."

Die Mutter wirkte erleichtert.

Wenige Zeit später ließ sie sich trotz ihrer anfänglichen Bedenken auf die ‚sozialpädagogische Einzelfallhilfe' ein. Anfangs versuchte Tobias den Helfer aus dem Haus zu graulen und verhielt sich aggressiver als je zuvor. Die Mutter stand kurz vor einem Nervenzusammenbruch und hätte die Maßnahme am liebsten sofort beendet. Doch der Helfer, ein nicht ganz so junger Mann, der im zweiten Bildungsweg Psychologie studierte, gab so schnell nicht auf und informierte mich. Gemeinsam sprachen wir mit der Mutter.

„Wenn Ihr Sohn jetzt wieder die Oberhand gewinnt, werden sie sich ihm gegenüber nie mehr durchsetzen können. Tobias muss lernen, dass er das Kind und Sie die Erwachsene sind. Im Augenblick scheint die Rollenverteilung umgekehrt zu sein."

Tobias tobte weiter, aber seine Mutter ließ sich nicht mehr davon beeindrucken und ließ auch zu, dass der Helfer mit dem Jungen ins Schwimmbad ging und ihn in einem Fußballverein anmeldete. Nach und nach wurde Tobias ruhiger- jedenfalls vorläufig.

Völlig überraschend trennte sich die Frau wenige Wochen später von ihrem Lebensgefährten. Sie blühte regelrecht auf und erklärte, noch nie so glücklich gewesen zu sein. Sie gönnte sich eine neue Frisur und neue Kleidung und stand eines Tages bei mir im Büro.

„Ich möchte gern meine Tochter Maike wieder zu mir nehmen." (Maike lebte seit mehr als zwei Jahren bei Pflegeeltern und hatte seitdem keinerlei Kontakt zu ihrer Mutter.)

„Die Pflegeeltern Ihrer Tochter gehen davon aus, dass sie Maike adoptieren können", wandte ich ein, „denn Sie haben sich doch gar nicht mehr um das Kind gekümmert?"

„Aber ich habe mein Leben verändert, und ich möchte meine Tochter wieder bei mir haben."

„Sie haben immer noch das Sorgerecht für Maike, das ist richtig, aber haben Sie darüber nachgedacht, was es für Ihre Tochter bedeutet, wenn sie von den Menschen getrennt wird, die sie für ihre Eltern hält? Maike war erst knapp drei Jahre alt, als sie in diese Familie kam. Glauben Sie, das Mädchen wird sich noch an Sie erinnern?"

„Das ist mir egal. Sie wird sich eben wieder an mich, an uns gewöhnen müssen."

„Aber haben Sie nicht schon genug mit Ihren beiden Söhnen zu tun? Tobias macht zwar einige Fortschritte, aber Sven tritt langsam in seine Fußstapfen, und die beiden prügeln sich doch nach wie vor."

„Ein Mädchen dazwischen könnte ja vielleicht für etwas mehr Frieden sorgen."

„Die Pflegeeltern könnten unter diesen Umständen selbst einen Antrag auf das Sorgerecht stellen", gab ich zu bedenken, „und sie würden vermutlich sogar Recht bekommen."

„Aber ich will meine Tochter auf jeden Fall sehen und zwar noch in der nächsten Woche. Dann wird es sich ja herausstellen, ob sie sich noch an mich erinnert."

„Ich befürchte, Sie muten sich und dem Kind zu viel zu, aber ich werde mit den Pflegeeltern sprechen", versprach ich.

Die Pflegefamilie lebte in einem hübschen Einfamilienhaus am Stadtrand Berlins. Sowohl ihr eigener vierjähriger Sohn als auch Maike bewohnten ein eigenes Zimmer. Bis zu meinem Anruf war in dieser Familie die Welt noch in Ordnung.

„Frau L. hat angedeutet, zu ihrer Tochter wieder Kontakt aufnehmen zu wollen", sagte ich vorsichtig.

„Das glaube ich nicht", antwortete die Pflegemutter entsetzt. „Am Ende will sie das Kind wieder ganz zu sich nehmen. Das werden wir niemals zulassen. Maike gehört zu uns, wir wollen sie adoptieren. Und was soll unser Sohn ohne seine Schwester tun?"

Die Frau klang verständlich verzweifelt.

„Ob Maike zu ihrer Mutter zurückkommt, steht ja noch lange nicht fest“, versuchte ich die Frau zu beruhigen, „aber es muss ihr zumindest gestattet werden, ihre Tochter zu sehen.“

„Auch wenn sie sich über zwei Jahre lang nicht für fünf Pfennig für ihre Tochter interessiert hat?“

„Die Mutter ist dabei, ihr Leben neu zu ordnen, und Maike ist nun einmal ihre Tochter, die jetzt auch dazu gehören soll.“

„Dann soll sie ihre Tochter eben sofort abholen“, schnaufte die Frau wütend.“

„Aber beruhigen Sie sich doch“, versuchte ich auf die Pflegemutter einzureden. „Das letzte Wort ist doch noch gar nicht gesprochen. Wir sollten erst einmal einen Besuchstermin vereinbaren und dann sehen wir weiter.“

„Aber nicht hier bei uns. Ich möchte diese Frau hier nicht sehen und mein Mann auch nicht, das weiß ich.“

„*Diese* Frau ist die Mutter, aber ich kann verstehen, dass Sie jetzt enttäuscht sind. Jahrelang haben Sie sich liebevoll um das kleine Mädchen gekümmert und nun taucht plötzlich die leibliche Mutter wieder auf. Aber auf eine solche Möglichkeit hat man Sie sicherlich hingewiesen, als Sie damals die Kleine in Pflege nahmen.“

„Ja, das hat man“, gab die Frau kleinlaut zu, „aber wir haben nicht mehr damit gerechnet, dass dieser Fall eintreten würde.“

An einem verregneten Sommertag mache ich mich auf den Weg in ein Gartenlokal im Berliner Tiergarten. Diesen Ort hatten sich die Pflegeltern gewünscht, um das Treffen in einem „neutralen“ Rahmen stattfinden zu lassen.

Beim meinem Eintreffen sitzen Tobias und Sven merkwürdig ruhig auf ihren Stühlen neben ihrer Mutter, die nervös an ihrer Zigarette zieht. Ihre Wangen sind fleckig gerötet. Auch mir klopft das Herz bis zum Hals. Findet gleich hier der kaukasische Kreidekreis statt oder soll *ich* ein Salomonisches Urteil fällen?“

Die Pflegefamilie erscheint keine Minute zu früh.

Maike krabbelt brav auf einen der Stühle und schaut fröhlich in die Runde. Die Kinder bekommen Eis, die Erwachsenen Kaffee. Auf Kuchen hat keiner Appetit.

Frau L. fordert ihre Söhne auf, in den Garten zu gehen, um zu spielen und die Jungen stürmen trotz des nicht gerade einladenden Wetters erleichtert hinaus.

Die Pflegemutter schaut auf Maike. „Möchtest du nicht mitgehen?“

Maike schüttelt den Kopf, steht aber auf und läuft in dem Gastraum herum.

„Ich muss mal, Mutti“, ruft sie plötzlich. „Kommst du mit?“

Sofort steht die Pflegemutter auf, aber Maike läuft in die andere Richtung …, zu Frau L., ihrer leiblichen Mutter und streckt ihr die Hand entgegen …!

Die verletzten, gekränkten Pflegeeltern bestanden nach diesem Treffen darauf, Maike sofort zu ihrer Mutter zu geben … besuchsweise, für zwei Wochen, wie es anfangs hieß. Bereits am nächsten Tag brachten sie das Mädchen zu ihr, was nicht in meinem Sinne war, aber ich konnte es nicht verhindern.

Am Montag darauf war die Welt noch in Ordnung. Frau L. rief mich an: „Maike ist seit Samstag bei mir, und es klappt alles wunderbar“, rief sie glücklich in den Hörer. „Die Jungen bemühen sich, ihrer Schwester alles recht zu machen und Maike genießt es offensichtlich. Ich glaube, jetzt wird alles gut.“

„Aber Maike wird doch am Freitag wieder von den Pflegeltern abgeholt?“, erwiderte ich, „bis alle Einzelheiten geklärt sind?“

„Ja, das wird sich finden“, antwortete Frau L. und legte auf.

Vier Tage später: Es ist Freitagabend, 22.00 Uhr. Ich liege auf dem Sofa, sehe fern und freue mich auf das freie Wochenende. Das Telefon klingelt. Mein Mann nimmt den Hörer auf und reicht ihn an mich weiter. „Eine Frau will dich sprechen, ich glaube, es ist dienstlich.“

Irgendwie hat Frau L. meine Telefonnummer herausbekommen, obwohl ich selbst gar nicht im Telefonbuch stehe. Ich ahne Schreckliches!

„Sie müssen Maike sofort abholen“, ruft Frau L. unvermittelt in den Hörer, ich kann nicht mehr.“

Ich bin absolut nicht in der Stimmung, um diese Zeit sozialarbeiterisch tätig zu werden. Schließlich brauche ich die freie Zeit, um wieder aufzutanken, aber mir bleibt wohl nichts anderes übrig, als mit Frau L. zu sprechen.

„Was ist denn passiert? Es war doch noch bis vor ein paar Tagen alles in Ordnung?“

„Maike spricht nicht mehr. Sie sitzt da, schaut mich an und sagt keinen einzigen Ton. Ich werde wahnsinnig.“

„Spricht sie denn mit Ihren Söhnen?“

„Auch nicht, und seit gestern verweigert sie außerdem das Essen.“

„Ja, dann müssen die Pflegeeltern Maike eben vorzeitig wieder abholen. Das wird sie sicherlich freuen.“

„Die wollen Maike nicht mehr! Ich habe schon mit ihnen telefoniert.“

„Aber wie kann das sein? Die Pflegeeltern haben doch noch vor einer Woche gesagt, wie sehr sie und vor allem ihr Sohn unter der Trennung von Maike leiden würden?“

„Ich verstehe es auch nicht, aber das ist mir auch egal. Ich bin sofort damit einverstanden, Maike zur Adoption freizugeben, aber wenn sie nicht sofort abgeholt wird, weiß ich nicht, was ich tue. Dieses Kind treibt mich in den Wahnsinn.“

„Sie können Maike sofort in den Kindernotdienst bringen. Ich würde Sie begleiten, aber wäre es nicht besser, wenn ich noch einmal mit den Pflegeeltern spreche?“

Frau L. ist einverstanden und gibt mir die Telefonnummer der Pflegeeltern.

An dieses Wochenende werde ich mich wohl mein ganzes Leben lang erinnern. Ich telefoniere am Freitag, am Samstag und am Sonntag abwechselnd mit der leiblichen wie mit der Pflegemutter, zusammengenommen bestimmt sechs oder sieben Stunden lang. Aber die angeblich liebevolle Pflegemutter will plötzlich nichts mehr von Maike wissen, sie nicht mehr bei sich aufnehmen, und auch ihr Sohn habe sich inzwischen schon damit abgefunden, sagt sie mir, dass seine Pflegeschwester nicht mehr bei ihnen leben werde. Ich versuche alles, um die Pflegemutter umzustimmen, aber sie lässt sich nicht einmal mehr von der nun möglichen Adoption locken, auf die sie angeblich so gehofft hatte. Am Sonntagabend gebe ich auf und rufe Frau L. an: „Ich bin morgen gegen zehn Uhr bei Ihnen und hole Maike ab."

Am Montagmorgen organisiere ich vom Büro aus einen Heimplatz und bestelle einen Dienstwagen für 11.30 Uhr, der dann vor dem Rathaus auf Maike und mich warten wird. Ein bisschen mehr Zeit wird nötig sein, denke ich, um den Abschied von Mutter und den Geschwistern für Maike friedlich zu gestalten.

Die Wut auf die Pflegeeltern lasse ich mir nicht anmerken, als ich pünktlich um zehn Uhr morgens an der Haustür von Frau L. klingele.

Frau L. öffnet mir und geht sofort ins Wohnzimmer zurück. Maike sitzt in der Diele an einem leeren Kindertischchen, steht auf, als sie mich sieht und ergreift sofort ihren kleinen gepackten Rucksack. Erwartungsvoll sieht sie mich an. Ich bin irritiert, hatte ich jetzt doch irgendwie eine Verabschiedung erwartet, aber die Jungen sind wie vom Erdboden verschluckt und die Mutter steht wortlos im Türrahmen des Wohnzimmers.

„Also dann gehen wir mal", sage ich mit einem dicken Kloß im Hals.

Maike verlässt als erste die Wohnung und stapft eilig voraus die Steintreppen herunter. Erschrocken sehe ich auf die Uhr. Es ist gerade fünf Minuten nach zehn, und der Dienstwagen kommt erst in knapp eineinhalb Stunden. Was soll ich so lange mit einem Kind anfangen, das nicht spricht?

„Bist du schon einmal mit einem Taxi gefahren", frage ich das Mädchen, als wir auf der Straße stehen.

„Ja, einmal. Meine Eltern wollten mit uns in den Zoo fahren, aber unterwegs ging plötzlich unser Auto kaputt. Da sind wir mit einem Taxi weitergefahren."

Hatte ich mich jetzt verhört, oder sprach dieses Kind wirklich? Aber Maike plapperte weiter, erzählte von ihren Erlebnissen im Zoo und von der Katze, die sie zu Hause hätte. An der ersten Straße, die wir überqueren mussten, reichte sie mir ihre Hand.

Ein Kaufhaus mit einer großen Spielzeugabteilung war ganz in der Nähe.

„Wir haben noch etwas Zeit, bis unser Taxi kommt. Bis dahin kannst du dir ein Geschenk aussuchen."

Wie erhofft, studierte Maike ausgiebig alle Regale, nahm verschieden Spielzeuge in die Hand und konnte sich nicht entscheiden. Schließlich fiel ihre Wahl auf einen Stoffbären, der Töne von sich gab, wenn man auf seinen Bauch drückte.

„Der soll es also sein? Dann gehen wir jetzt zur Kasse, um ihn zu bezahlen."

„Aber wir müssen doch noch etwas für meinen Bruder aussuchen."

Für eine Sekunde lang blieb mein Herz stehen.

„Wir fahren heute nicht zu deinem Bruder, sondern in ein Haus, wo es viel andere Kinder gibt, mit denen du dich bestimmt gut verstehen wirst. Denen könnten wir schon etwas mitnehmen, vielleicht Gummibärchen?

„Ja, das wäre gut", antwortete Maike.

Maike vergoss nicht eine einzige Träne, als uns der Dienstwagen zum Kinderheim brachte und fragte weder nach ihrer Mutter noch nach ihren Pflegeeltern.

Sie blieb nur drei Monate im Kinderheim, Adoptiveltern waren für dieses liebenswerte Kind schnell gefunden.

Den Pflegeeltern wurde die Pflegeerlaubnis für immer entzogen.

Tobias blieb ein schwieriges Kind.

Durch eine Umstrukturierung innerhalb unseres Bezirkes wurde eine Kollegin für die Familie L. zuständig. Vielleicht war die Zeit reif, vielleicht konnte meine Kollegin, die ich sehr schätzte, einfach einen besseren Kontakt zu Frau L. aufbauen. Meiner Kollegin gelang es jedenfalls, Frau L. davon zu überzeugen, Tobias in einem Heim unterzubringen. Die Wahl fiel auf ein Kinderheim an der dänischen Grenze, nahe Flensburg. Alle vier Wochen durfte die Mutter ihren Sohn dort besuchen und in einem eigens eingerichteten Besuchszimmer übernachten. Nach etwas mehr als sechs Monaten packte sie ihre Koffer in Berlin und zog in den hohen Norden.

Ich kann mich nicht mehr genau erinnern, wann der Brief der Mutter bei uns eintraf, sehr genau aber daran, was sie schrieb. Es war der Brief einer glücklichen Mutter. Sie berichtete, dass ihr jüngerer Sohn, Sven, eine dänisch-deutsche Schule besuche und inzwischen fast nur noch dänisch spreche. Sie habe sich deshalb selbst zu einem dänischen Sprachkursus angemeldet, um mit ihrem Sohn mithalten und ihn wieder verstehen zu können. Sie habe auch wieder eine Arbeitsstelle gefunden und ein kleines, hübsches Häuschen gemietet. Tobias sei jetzt jedes Wochenende bei ihr und werde innerhalb der nächsten Tage aus der Heimpflege nach Hause entlassen.

Obwohl der Verdienst dieser doch noch erfolgreichen Arbeit wohl überwiegend meiner Kollegin zuzuschreiben war, freute ich mich für Frau L. und ihre Söhne.

(Fast) ein ganz normaler Arbeitstag

Kurz nach dem Aufwachen habe ich schon schlechte Laune, trödele viel zu lange herum und erreiche erst gegen 8.30 Uhr mein Büro. Die ersten Klienten warten bereits vor meiner Bürotür, was meine Stimmung nicht unbedingt hebt, hatte ich doch gehofft, wenigstens vor Beginn der Sprechstunde um 9.00 Uhr noch einige wichtige Telefonate führen zu können, doch ich erreiche niemanden.

Keine Minute vor 9.00 Uhr bitte ich die Klienten herein (normalerweise war ich nicht so kleinlich.)

Genau auf *diese* Klienten habe ich heute gerade noch gewartet! Eine türkische Mutter, die seit fünfundzwanzig Jahren in Deutschland lebt, mittlerweile die deutsche Staatsangehörigkeit besitzt (obwohl sie nur sehr unzulänglich Deutsch spricht), sitzt mit ihrem achtzehn oder neunzehnjährigen Sohn vor mir, der weder einen Schulabschluss hat noch die deutsche Sprache beherrscht, obwohl er in Deutschland aufgewachsen ist. Auch er hat noch keinen Versuch unternommen, in irgendeiner Form zum Familieneinkommen beizutragen, denn auch von Sozialhilfe ließ es sich bisher recht gut leben (inzwischen war der Mutter allerdings nachgewiesen worden, in der Türkei eine Eigentumswohnung zu besitzen und regelmäßig die Mieteinnahmen zu kassieren, worauf ihr der Bezug der Sozialhilfe entsprechend gekürzt wurde).

Zum wiederholten Male bejammert die Frau, nunmehr kein Geld mehr zu haben, um sich und ihren Sohn ernähren zu können, und zum wiederholten Male versuche ich der Frau zu erklären, dass die Sozialhilfe nur für tatsächlich ‚Bedürftige' gezahlt werde, sie aber durch ihre Mieteinnahmen wenn überhaupt nur noch bedingt bedürftig sei. Je mehr ich rede, desto weniger kann oder will die Frau verstehen, was ich sage. Ihr Gejammer geht mir ziemlich auf die Nerven, aber selbst wenn ich wollte, könnte ich nichts für sie tun. Nach einer fünfundvierzig Minuten dauernden Diskussion verlässt die Frau unzufrieden mein Büro. Ich weiß schon jetzt, dass sie bald wiederkommen wird.

Ein vietnamesischer Vater, den ich ebenfalls schon mehrfach beraten habe, nimmt als nächster Platz auf dem noch warmen Stuhl. Obwohl sich der Mann nach Kräften bemüht, sich verständlich zu machen, verstehe ich nur ansatzweise, was er von mir will. Auch ihm scheinen seine finanziellen Mittel nicht zu reichen, obwohl er mit seinem Arbeitslosen- und Kindergeld über dem Sozialhilfesatz liegt. Aber vielleicht bewegen ihn ganz andere Probleme? Gern würde ich einen Dolmetscher hinzuziehen, aber es gibt keinen – jedenfalls nicht bei uns. Und obwohl ich ihm wieder einmal nicht helfen kann, verabschiedet er sich asiatisch höflich mit einer kleinen Verbeugung.

Eigentlich hätte ich jetzt eine kurze Pause gebraucht, aber nun klingelt permanent das Telefon. Es ist schließlich Sprechstunde.

Etwa dreißig Minuten vor dem Ende der Sprechstunde scheint endlich etwas Ruhe einzukehren. Ich packe meine Tasche mit den notwendigen Unterlagen für die bevorstehende Dienstbesprechung, als sich erneut die Tür öffnet und Klienten eintreten ...!

Die Mittagspause muss also, wie schon so oft, wieder einmal ausfallen. Gegen 12.30 Uhr verlasse ich mein Büro und kaufe mir auf dem Weg zum Rathaus ein belegtes Brötchen, das ich im Gehen verzehre.

Gerade noch pünktlich treffe ich zur Dienstbesprechung ein. (Ich hasste diese Dienstbesprechungen und mindestens 99% meiner Kolleg/Innen ging es, glaube ich, genauso. Statt etwas zu besprechen wurden wir durch die Amtsleitung nur mit meist uninteressanten Informationen versorgt. Die meisten von uns saßen während dieser Pflichtveranstaltung wie auf heißen Kohlen und warteten das Ende ab, um endlich an ihren eigentlichen Arbeitsplatz zurückkehren zu können.)

Gegen halb vier bin ich wieder in meinem Büro. Die getrennt lebenden Eltern, die ich zum Gespräch eingeladen habe, warten schon. Die siebenjährige gemeinsame Tochter spielt mit einer Barbiepuppe. Der Vater schaut mürrisch, die Mutter grinst.

Ich schlage mich auf die Seite des Vaters und bin auch mürrisch, aber nicht wegen der Puppe.

„Haben Sie niemanden gefunden, der Lisa für zwei Stunden hätte beaufsichtigen können?“, wispere ich so leise wie möglich dem Vater zu.

„Doch, ich hätte sie bei meiner Nachbarin lassen können, aber ich bin der Meinung, Lisa sollte ruhig dabei sein, wenn über sie gesprochen wird.“

„Ich befürchte dann allerdings, dass unser Gespräch heute wieder ergebnislos verlaufen wird. Nicht umsonst hatte ich darum gebeten, mit Ihnen, den Eltern, allein sprechen zu wollen. Unter diesen Umständen sollten wir den Termin vertagen, es wäre vergeudete Zeit, ihre und meine.“

„Wenn du einverstanden bist, Peter“, spricht die Mutter ihren Noch-Ehemann an, „bringe ich Lisa schnell zu meiner Mutter.“

Ich weiß, dass das dem Vater absolut nicht gefällt, aber er nickt trotzdem, obwohl ihm seine gebremste Wut deutlich anzumerken ist.

„Bis gleich“, lächelt die Mutter, „ich bin in fünf Minuten wieder da.“

Und ich weiß, dass sie sich diebisch freut über diese Lösung, denn der Vater versucht nach Möglichkeit, den Umgang seiner Tochter mit dieser Großmutter zu verhindern.

Kaum ist die Mutter mit dem Kind aus dem Haus, erhebt sich der Vater von seinem Stuhl und will mir in mein Büro folgen.“

„Wir sollten doch warten, bis Ihre Frau wieder zurück ist“, weise ich ihn höflich zurück.

Aus den fünf Minuten werden fünfzehn, und ich kann immerhin noch zwei kurze Vermerke schreiben, bevor ich die Eltern hereinbitte.

Aus der Zurückhaltung, die die Eltern in Anwesenheit ihrer Tochter noch geübt hatten, wird nun wieder offene Feindschaft.

„Ich habe ausdrücklich verboten, dass Lisa mit diesen ‚Sexpuppen’ spielt“, herrscht der Vater die Mutter an.

„Und ich habe dir ausdrücklich gesagt, dass Lisa diese Puppen liebt. Alle Mädchen aus ihrer Klasse spielen mit diesen Dingern, diesen Barbie-Puppen. Ich finde sie auch nicht besonders schön, aber soll sie ihre unlackierten Holzbausteine mitnehmen, wenn sie sich mit ihren Freundinnen trifft? Sie wird doch jetzt schon ausgelacht, weil sie nur einen Schulranzen aus Leder hat und nicht so einen hübschen bunten, wie ihre Klassenkameraden.

Außerdem ist ihr Schulranzen viel zu schwer", konterte die Mutter.

„Der Schulranzen ist aus dem besten, leichtesten Leder, und Lisa kann ihn noch benutzen, wenn sie das Abitur macht. Und außerdem hat Lisa bei uns zu Hause noch viel anderes, wertvolles Spielzeug … außer den Bauklötzen."

„Und warum wollen Lisas Freundinnen nicht zu ihr zum Spielen kommen? Weil sie keine Lust haben auf dieses *wertvolle Spielzeug*", schlägt die Mutter zurück.

Nur für zwei Sekunden gehen dem Vater die Argumente aus. Ich erwarte jetzt einen weiteren Angriff, doch der Vater lehnt sich entspannt zurück.

„Du hast meine strikten Anordnungen wieder unterlaufen, meine Liebe", sagt er seltsam leise. „Lisa hat mir gebeichtet, von dir am letzten Besuchswochenende wieder Pommes Frites bekommen zu haben ..."

„Lisa liebt Pommes, und sie wird sich ja nicht gleich vergiftet haben. Deine vorgekeimten Getreidekörner und dieses ganze andere angeblich so gesunde Zeug hängen ihr schon lange zum Hals raus. Lisa traut sich nur nicht, dir das zu sagen."

„Lisa liebt Barbies, Lisa liebt Pommes! Wenn ich das schon höre. Das entspricht nicht meinem Erziehungsstil, den du ständig unterwanderst. Ich werde beim Familiengericht eine Aussetzung deines Umgangsrechtes beantragen bis du dich besonnen hast."

„Und ich werde das Sorgerecht für mich allein beantragen."

Das hatte gesessen! Ich sah dem Vater an, wie sein Adrenalinspiegel stieg und er seiner Frau am liebsten an die Gurgel gegangen wäre. Und obwohl das völlig unprofessionell war, irgendwie empfand ich so etwas wie Schadenfreude und Solidarität mit meiner Geschlechtsgenossin. Aber das durfte ich mir natürlich nicht anmerken lassen.

„Wie ich feststellen muss“, mische ich mich ein „sind wir jetzt wieder genauso weit wie vor einem halben Jahr, als wir das erste Gespräch führten. Damals hatten Sie sich doch bereits darauf geeinigt, dass Lisas Lebensmittelpunkt beim Vater verbleiben solle, ihm auch die alleinige elterliche Sorge zustehen würde, während Ihnen“, ich sah die Mutter an und konnte mir ein kleines Lächeln nicht verkneifen, „ein großzügiges Umgangsrecht eingeräumt werden sollte, Sie also Ihre Tochter von Samstagmittag bis Sonntagabend zu sich nehmen könnten. Ich schlug Ihnen damals vor, zukünftig die elterliche Sorge auch nach der Scheidung weiterhin gemeinsam ausüben zu können, was im Interesse des Kindes gewesen wäre, denn schließlich sind und bleiben Sie beide die Eltern. Diese Lösung haben Sie damals abgelehnt. Wie ich jetzt höre, beanspruchen Sie jetzt beide die alleinige elterliche Sorge. Meine Hausbesuche und Gespräche bei Ihnen in Ihren jeweiligen Wohnungen haben ergeben, dass Sie beide gleichermaßen geeignet scheinen, die elterliche Sorge für Lisa auszuüben. Ich schlage Ihnen daher vor, dass Sie sich jetzt selbst untereinander einigen und mir Ihre Entscheidung in absehbarer Zeit mitteilen, damit ich gegenüber dem Familiengericht eine entsprechende Stellungnahme abgeben kann.“

Damit hatten die Eltern nicht gerechnet.

„Wieso wir?“, fragen sie beinahe wie aus einem Mund. „Wir dachten, ***Sie*** würden entscheiden…“

„Entscheiden wird das Familiengericht, nicht ich. Das Jugendamt gibt dem Gericht gegenüber lediglich eine Empfehlung ab. In diesem Fall müsste ich Sie beide empfehlen, was das Familiengericht dazu veranlassen könnte, ein kinderpsychologisches Gutachten einzuholen. Ich glaube nicht, dass Sie das Ihrer Tochter zumuten wollen. Und auch ein Gutachter kann sich irren. Aber ***Sie*** sind die Eltern und kennen Ihre Tochter am besten und wissen, was gut für sie ist.“

Meine lange Rede hat den Eltern offensichtlich die Sprache verschlagen.

Ich sehe auf die Uhr, es ist bereits fünf Minuten nach fünf. Die Eltern sitzen wie festgewachsen auf ihren Stühlen.

Das Telefon klingelt.

„Entschuldigen Sie bitte", sage ich den Eltern, „aber Sie sehen, ich habe noch zu tun. Denken Sie ein paar Tage darüber nach, worüber wir heute gesprochen haben, denn heute kommen wir wohl nicht mehr zu einem Ergebnis. Rufen Sie mich an, falls Sie sich geeinigt haben, sonst melde ich mich wieder bei Ihnen."

Schwerfällig verlassen die beiden den Raum.

Am Telefon meldet sich mein Amtsleiter, was ich bereits vermutet habe. Wenn um diese Uhrzeit das Telefon klingelte, konnte es sich nur um eine Art von ‚Kontrollanruf' handeln.

„Ich bin noch im Gespräch", werfe ich ihm entgegen, „aber ich rufe Sie gleich zurück", unterbreche ich gleich seinen zu erwartenden Redeschwall und lege den Hörer auf.

In diesem Moment tritt eine Kollegin ins Zimmer.

„Sind deine Leute endlich weg?"

„Ja, aber ich glaube, sie stehen noch vor der Tür und reden. Es würde mich nicht wundern, wenn einer von beiden gleich noch mal eine letzte Frage hat und mit mir sprechen will."

„Ich werde sie schon abwimmeln. War das übrigens dein letzter Termin für heute?

„Zum Glück ja, aber ich will noch eine Akte mit nach Hause nehmen. Ich muss unbedingt noch einen Bericht schreiben. Warum fragst du?"

„Weil ich dich bitten wollte, mich noch zu einem Hausbesuch zu begleiten. Ich hatte eben einen anonymen Anruf. Eine Frau erzählte, dass möglicherweise ein kleines Kind unbeaufsichtigt ist, weil seine Mutter jeden Tag bis Mitternacht in einer Kneipe arbeitet. Ich würde ja alleine gehen, aber es soll sich um eine ziemliche Spelunke handeln und außer dir ist niemand mehr im Dienst."

Eigentlich hatte ich mich auf den nahen Feierabend gefreut, aber ich lasse die Kollegin nicht im Stich. Mir wurde schließlich auch schon öfter beigestanden.

„Natürlich komme ich mit. Ich rufe nur noch kurz zu Hause an, und dann wollte unser ‚Chef' noch etwas von mir."

„Herr W., Sie wollten mich sprechen?", nuschele ich in den Hörer, während ich meinen Schreibtisch mit der freien Hand aufräume.

„Ja, Ihre Monatsstatistik fehlt noch. Könnten Sie sie bitte fertig machen, damit sie Frau Meyer morgen abholen kann?"

„Heute werde ich keine Statistik mehr machen, denn ich bin schon so gut wie nicht mehr da. Frau E. hat vor ein paar Minuten einen Hinweis auf ein möglicherweise vernachlässigtes Kleinkind erhalten und ich werde sie zu diesem Hausbesuch begleiten."

„Warum kann Frau E. nicht allein gehen? Dauernd höre ich, dass sie überall zu zweit hinrennen. Sie sind doch alle Sozialarbeiter. Wozu brauchen Sie dann immer einen Begleitschutz?"

„Herr W., ich möchte Sie daran erinnern, dass wir schon seit einigen Jahren bei brisanten Fällen immer zu zweit arbeiten, und das hat sich bisher bewährt."

„Wenn Sie so viel Zeit haben, hätten Sie längst die Statistik abliefern können."

Ich muss mich nun sehr beherrschen, um nicht völlig aus der Haut zu fahren.

„Lassen Sie mich endlich mit Ihrer Statistik zufrieden, die sowieso niemanden interessiert. Frau E. und ich werden jetzt versuchen, möglicherweise ein Kind zu retten. Wir sind Sozialarbeiterinnen, keine Verwaltungskräfte, und uns ist das Wohl eines Kindes wichtiger als irgendwelcher bürokratischer Firlefanz."

Wütend knalle ich den Hörer auf die Gabel, obwohl für meinen Amtsleiter das Gespräch noch nicht beendet erscheint.

„Was wollte *er* denn?", fragt meine Kollegin, die startbereit in meinem Büro steht.

„Was wohl. Die Statistik."

Meine Kollegin verdreht die Augen.

„Hab' ich mir schon gedacht. Meine ist auch noch nicht fertig."

„Vergiss es, und nun sollten wir endlich gehen, sonst kommen wir heute gar nicht mehr nach Hause."

Zwanzig Minuten später erreichen wir die Adresse, die meiner Kollegin von der Anruferin angegeben worden war. Die Gaststätte, in der die Mutter angeblich arbeiten soll, hat noch nicht geöffnet.

Also suchen wir zunächst nach der Wohnung der Mutter, die sich im Hinterhaus des gleichen Gebäudes befinden soll, die wir nach längerer Suche schließlich finden. Aber auf unser Klingeln öffnet niemand.

„Vielleicht hat sie die Klingel abgestellt, damit das Kind nicht ständig wach wird?“

„Könnte sein. Ich lege mal mein Ohr an die Tür und horche, während du klingelst.“

„Die Klingel ist zwar leise, aber gut zu hören“, stelle ich fest. „Vielleicht ist sie einfach nur nicht zu Hause, und ihr Kind könnte sie ja mitgenommen haben.“

„Könnte sie, aber wir sehen besser noch mal in der Kneipe nach. Vielleicht ist sie inzwischen geöffnet.“

Als wir wieder auf die Straße treten, sehen wir, wie ein Mann Stühle heraustrÄgt und auf dem breiten Gehweg vor der Kneipe um die Tische drapiert.

Meine Kollegin und ich stehen etwas unschlüssig herum.

„Wünschen Sie etwas“, fragt der junge Mann, „wir öffnen in fünf Minuten, aber Sie können ja schon einmal Platz nehmen.“

„Ist bei Ihnen eine Frau M. beschäftigt?“, fragt meine Kollegin forsch.

„Ja, warum fragen Sie? Sind Sie von der Polizei?“

„Nein, sind wir nicht.“

Der junge Mann wirkt unsicher.

„Da hinten kommt sie übrigens. Sie können dann ja selbst mit ihr sprechen.“

Meine Kollegin und ich setzen uns vor dem Lokal auf die Plastikstühle und beobachten, wie sich die Kneipe in wenigen Minuten füllt. Aus allen Richtungen strömen Männer unterschiedlichen Alters und hocken sich an die Bar.

Frau M. ist inzwischen eingetroffen, bepackt mit schweren Tüten, in denen sie sicher kein Selterswasser transportiert.

Wir bestellen uns ein Wasser und warten noch einen Moment ab. Als wir zehn Minuten später das Lokal betreten, weht uns ein schneidender Geruch von Alkohol und Zigarettenrauch entgegen. Dem Geräuschpegel nach zu urteilen, haben die meisten Männer im Eiltempo Schnäpse heruntergekippt oder waren schon nicht mehr nüchtern, als sie in der Kneipe erschienen.

Noch sind sie alle fröhlich und laden uns zu einem Schnaps ein.

„Später“, wehren wir die Einladung freundlich ab, um die Männer nicht zu reizen, deren Alkoholpegel von Minute zu Minute steigt.

Frau M., auf die wir es ja eigentlich absehen haben, steht am Ende der Theke und schäkert lustig mit den Gästen, während sie Gläser spült.

Um keinen Aufruhr in der Kneipe zu verursachen, nehmen wir unsere Wassergläser und suchen uns langsam einen Platz in der Nähe der Frau M., die uns jetzt erst richtig wahrnimmt.

„Wir haben heute einen Anruf bekommen“, flüstert meine Kollegin unnötig leise, denn der Lärmpegel ist inzwischen so weit gestiegen ist, dass sie ohnehin niemand verstehen würde „Es geht um Ihre kleine Tochter. Können wir irgendwo mit Ihnen ungestört reden?“

Die Frau bittet uns in eine winzige Küche hinter dem Gastraum, und wir stehen zu dritt dicht gedrängt neben den Mayonnaise- und Ketchup-Eimern. Die Brat- und Bockwürste, die in länglichen Schalen auf ihren Verzehr warten, sehen nicht mehr ganz so appetitlich aus.

„Ich kann mir schon denken, wer bei Ihnen angerufen hat“, schnauft die Frau wütend.

Meine Kollegin versucht umständlich zu erklären, dass wir als Jugendamt verpflichtet sind, jedem Hinweis nachzugehen …, aber ich unterbreche sie kurzerhand. Schließlich möchte ich heute noch nach Hause und habe auch noch so etwas wie ein Privatleben.

„Wo ist Ihre Tochter im Augenblick?“, frage ich direkt.

„In meiner Wohnung, wo sonst, aber sie schläft jetzt. Ich habe gerade noch nach ihr gesehen, bevor ich hierher kam, um ein wenig auszuhelfen.“

„Das kann nicht stimmen, denn bevor *wir* hier herkamen, haben wir versucht, Sie in Ihrer Wohnung anzutreffen, aber Sie haben nicht geöffnet.

„Ich stelle immer die Klingel ab, damit die Kleine nicht wach wird.“

„Wir haben die Klingel gehört und wir haben auch geklopft.“

„Ich hatte mich selbst noch ein paar Minuten hingelegt. Wahrscheinlich bin ich eingeschlafen.“

Nun gut. Wir können ihr nicht das Gegenteil beweisen und sind außerdem nicht von der Polizei.

„Wie lange werden Sie heute Abend arbeiten?“, fragt meine Kollegin.

„So bis elf oder zwölf Uhr vielleicht?“

„Also mindestens bis Mitternacht?“

„Ja, so ungefähr, aber ich gehe fast jede Stunde nach oben, um nach der Kleinen zu schauen. Ich hab’s ja nicht weit. Und überhaupt ist das heute eine Ausnahmesituation. Ich helfe nur aus, weil mein Chef krank ist. Er hat sich ein Bein gebrochen. Normalerweise arbeite ich nur vormittags hier, so von 10.00 bis 14.00 Uhr, während meine Tochter in der Krippe ist.“

Die Frau wirkt glaubwürdig. Trotzdem möchten wir das Kind noch sehen. Das kleine Mädchen schläft tatsächlich tief und fest und wacht nicht einmal auf, als ihr seine Mutter liebevoll über die geröteten Wangen streichelt.

„Es wäre trotzdem besser, Sie würden Ihre Nachtarbeit sofort aufgeben oder sich jemanden in die Wohnung nehmen, der auf Ihre Tochter aufpassen kann, während sie weg sind. Sie haben ja selbst erlebt, wie über Sie geredet wird“, lenkt meine Kollegin ein.

„Ja, da haben Sie wohl Recht. Das möchte ich nicht noch einmal erleben, dass mir das Jugendamt ins Haus geschickt wird. Ich werde meine Schwester bitten, auf meine Tochter aufzupassen.

Die ist zwar erst sechzehn, aber sie hat im Augenblick Ferien, und mein Chef ist hoffentlich bald wieder gesund."

Wir verabschieden uns von der Frau und müssen auf der Straße noch einmal an der Kneipe vorbei, um die U-Bahn zu erreichen. Die ersten Gäste haben inzwischen nicht nur den Geräusch- sondern auch ihren Alkoholpegel erheblich überschritten und wanken singend nach Hause.

Wir müssen zum Glück in die andere Richtung.

„Glaubst du ihr die Geschichte mit dem gebrochenen Bein ihres Chefs?", fragt mich meine Kollegin.

„Ich glaube eher, dass sie die Chefin ist, aber sie ist jetzt hoffentlich gewarnt."

„Das denke ich auch. Was waren das übrigens für Leute vorhin bei dir?", erkundigt sich meine Kollegin, die mit forschen Schritten heimwärts strebt und ich Mühe habe, ihr zu folgen. „Die haben sich ja ewig Zeit gelassen, und laut geworden sind sie auch noch."

„Erinnere mich bitte nicht daran. Es geht um eine strittige elterliche Sorge. Seit mehr als einem halben Jahr diskutieren wir schon über Nichtigkeiten wie Barbiepuppen und Körnerfutter."

„Einer von beiden ist Lehrer, stimmst?"

„Stimmt genau, der Vater, und sie ist Erzieherin."

„Na herzlichen Glückwunsch. Das kenne ich, hatte auch schon solche Kombinationen. Das raubt ganz schön viel Zeit."

Gegen 19.30 Uhr bin zu Hause. Meine Akte, die ich noch bearbeiten wollte, bleibt unangetastet in meiner Tasche.

Gleich am nächsten Morgen erledige ich die leidige Statistik. Irgendwann muss es ja sein.

„Das Amt“

Obwohl wir es im Jugendamt mit jungen Menschen, überwiegend mit Kindern, zu tun hatten, unterschied sich unser Büro, das ich mit einer Kollegin teilte, zu Beginn meiner Tätigkeit 1980 kaum von dem eines Finanzbeamten: steril und kinderunfreundlich. Außer einem zerfledderten Bilderbuch hatten wir den Kindern nichts anzubieten, womit sie sich beschäftigen konnten, während wir mit den Eltern sprachen, die sich wie arme Bittsteller neben unseren Schreibtisch setzen mussten (einer bei meiner Kollegin, einer bei mir), während wir als Sozialarbeiterinnen ‚mächtig' hinter unseren Schreibtischen ‚thronten'. Meine erste Zimmerkollegin und ich fanden diesen Zustand unerträglich. Gegen den Widerstand unserer Amtsleitung führten wir eine erste neue Regelung der Klientenbetreuung ein. Um die Intimsphäre zu bewahren, ließen wir die Klienten nunmehr nur noch einzeln in unser Büro. Aber statt Protest wegen der nunmehr längeren Wartezeiten ernteten wir nur Zuspruch. Welcher Klient spricht schon gern über familiäre Probleme, wenn dicht daneben eine andere Klientin die Kostenübernahme der Stromkosten oder Ähnliches beantragt und ihre Ohren sehr weit aufsperrt um zu erfahren, was in ihrer Nachbarschaft so vorgeht.

Zudem durchstöberten meine Kollegin und ich den Keller des Rathauses, in dem altes Mobiliar abgestellt worden war, fanden einen kleinen Tisch und einfache Stühle und platzierten das neue alte Mobiliar neben unseren Schreibtischen. Fortan war es in unserem Büro zwar noch ein wenig enger, aber in Augenhöhe mit den Klienten zu sprechen schuf eine wesentlich entspanntere Atmosphäre. Spielzeug für die Kinder kauften wir aus eigener Tasche.

Bis auf wenige Ausnahmen folgten die meisten unserer Kolleg/Innen unserem Beispiel, und schließlich wetteiferten wir beinahe darum, wer das klienten- und kinderfreundlichste Büro vorweisen konnte. Viele Jahre später bekamen wir sogar fast alle Einzelzimmer, doch dieser relative Luxus machte unsere Arbeit dennoch nicht leichter.

Natürlich verlief nicht jeder Arbeitstag so wie der zuvor beschriebene. Es gab Zeiten, zum Beispiel in den Sommerferien, in denen wir, wenn wir Glück hatten, etwas ‚verschnaufen' konnten und überfällige Berichte oder Aktennotizen fertigen konnten …, wenn nicht gerade die Kollegin, die man vertreten musste, im Urlaub war.

Aber unser Arbeitsalltag im Amt bedeutete in der Regel hundertprozentigen Stress, von montags bis freitags mindestens acht Stunden täglich! Anstrengend und belastend waren dabei nicht unbedingt die einzelnen dramatischen Fälle, auch wenn man sie in Gedanken mit nach Hause nahm oder ins Wochenende. Anstrengend und nervenaufreibend war die Notwendigkeit, ständig präsent zu sein, sich ständig auf neue Situationen einzustellen, alle Familiendaten im Kopf zu haben, wenn Klienten telefonisch oder persönlich um Rat fragten, im Grunde keine Zeit zu haben, sich um den lästigen, wenn auch überwiegend notwendigen Papierkram zu kümmern und gleichzeitig in der Angst zu leben, etwas vergessen zu haben, einem wichtigen Hinweis nicht nachgegangen zu sein oder etwas übersehen zu haben. Ich kenne nicht viele Menschen, die unter solchen beinahe schizophrenen Bedingungen arbeiten können.

Nach der Wende, 1989/1990, und der Einführung des neuen Kinder- und Jugendhilfegesetztes 1991 verschlechterten sich unsere Arbeitsbedingungen noch um einiges mehr. Plötzlich musste auch das verwöhnte Land Berlin, das bisher immer aus dem Vollem schöpfen konnte, die Sparschraube ansetzen.

Freie Sozialarbeiter/Innenstellen wurden nicht mehr oder nur noch sehr verhalten besetzt, Kinder oder Jugendliche durften nicht mehr in den teureren Heimen im ehemaligen Westdeutschland untergebracht werden, obwohl es manchen von ihnen gut getan hätte. Alle sozialpädagogische Hilfen für Kinder und Familien unterlagen einer ‚Budgetierung' und mussten alle sechs Monate auf ihre Notwendigkeit im Rahmen einer Hilfekonferenz überprüft werden. So genannte Freie Träger schossen wie Pilze aus dem Boden, um von dem Geldkuchen abzubeißen, also dem Etat für die

Kinder und Jugendarbeit, die in Berlin bis dato überwiegend nur der öffentlich-rechtlichen Jugendarbeit zugestanden hatte. Und obwohl in den Jugendämtern *nicht nur* kompetente Menschen eine Anstellung gefunden haben, macht es mich heute manchmal noch wütend, wie sich damals noch viel inkompetentere ‚Fachkräfte' aufspielten, die gesamte öffentliche (amtliche) Jugendarbeit in Frage stellten und so taten, als hätten nur sie den Stein des Weisen gefunden.

Aber auch mit dieser neuen Situation hätten wir uns abgefunden, wenn gleichzeitig die versprochene Arbeitsentlastung eingetreten wäre.

Das Gegenteil war der Fall.

Um die oben erwähnten Hilfe- oder Helferkonferenzen einzuberufen, bedurfte es oftmals zwei oder drei Wochen Zeit, um alle Beteiligten, also die Eltern, die Kinder, den oder die Helferin (bzw. Heim- oder Wohngemeinschaftsleiterin und viele andere mehr) an einem Tag zur gleichen Zeit an einen Tisch zu bekommen. Und wenn in der Planungsphase auch nur eine Person ausfiel, begann das gesamte Prozedere erneut … telefonieren, telefonieren, telefonieren.

Und nicht alle Hilfekonferenzen fanden in unseren Räumlichkeiten statt. Nicht selten mussten wir zu diesem Zweck bis an die Stadtgrenze fahren, und Berlin ist groß ... sehr groß!

Sinn dieser Hilfekonferenzen sollte sein, den Eltern, bzw. den Erziehungsberechtigten wie auch den jeweiligen betroffenen Kindern oder Jugendlichen das Gefühl zu vermitteln, dass alle Entscheidungen nicht ohne ihr Wissen und Zutun getroffen wurden - eine im Grunde gute Idee, um das Misstrauen der Klienten gegenüber dem Jugendamt abzubauen.

(Ein weiterer, gewollter Nebeneffekt dieser halbjährlichen Hilfekonferenzen war, dass Kinder nicht mehr in Heimen vergessen werden konnten, was häufiger geschah, als man glauben möchte. Kinder, die mit der Einwilligung der Sorgeberechtigten untergebracht worden waren, blieben manchmal bis zur Volljährigkeit in der Einrichtung, ohne dass sich das Jugendamt weiter um sie kümmerte.)

Alles, was in diesen ‚Hilfekonferenzen' beschlossen wurde, hielten wir zum Abschluss der Sitzung schriftlich in den Hilfeplänen fest, da sie sofort von allen Beteiligten unterschrieben werden mussten, auch von den Kindern, die manchmal gar nicht verstanden, was wir von ihnen verlangten. So konnte beispielsweise die Verlängerung einer Heimunterbringung, die wir früher vielleicht in zwei, drei Stunden erledigt hätten, das zehnfache an Zeit kosten.

Aber kam in diesen Hilfekonferenzen wirklich alles zur Sprache? Nur *fast* alles!

Wenn zum Beispiel innerhalb der Familie ein Verdacht auf einen sexuellen Missbrauch bestand, hätten weder wir noch der oder die Helfer/In dieses Thema im Beisein des Missbrauchers angesprochen, wenn zu erwarten stand, dass er (oder sie) den Missbrauch leugnen würde. Er (oder sie) wären lediglich gewarnt gewesen und hätten das Opfer wahrscheinlich noch mehr unter Druck gesetzt. (Auch war ein Verdacht eben nur ein Verdacht und konnte sich durchaus auch als nichtig erweisen.)

Als 1998 Computer in unsere Büros Einzug hielten, stellten wir nach der ersten Euphorie fest, dass damit gleichzeitig auch die Schreibdamen aus der Kanzlei nicht mehr für uns zur Verfügung standen. Von nun an hieß es für uns, neben unseren übrigen Arbeiten auch noch stundenlang vor dem Bildschirm zu sitzen, um mit dem ‚Zwei-Finger-Such-System' Berichte, Stellungnahmen, Hilfepläne uns so weiter zu schreiben.

Aber während die Computer noch einigermaßen Sinn machten, da wir nun nicht mehr mit Vordrucken und Blaupapier arbeiten mussten, wenn Anträge von Klienten gestellt wurden, ärgerten wir uns (jedenfalls die meisten von uns) maßlos über eine neue Form einer aufwendigen Statistik, die wir täglich zu führen hatten.

Durch viele Stellen, die durch die verordnete Haushaltserparnis nicht mehr besetzt werden durften, lange Vertretungszeiten durch Krankheit und neu hinzugekommene Aufgaben, wussten wir langsam nicht mehr, wie wir den Klienten, vor allem den Kindern, noch gerecht werden sollten. Und wenn wir damit drohten, eine Überlastungsanzeige zu stellen, hieß es aus der oberen Etage: „Dann erledigen Sie eben nur die dringlichsten Sachen und stellen wenig wichtigere Fälle zurück." Sollten wir die Familien zukünftig nur noch verwalten statt sie gemäß unserer Berufsausbildung und unseres Berufsethos' als Sozialpägogen/Innen zu betreuen, so wie wir es mit viel Engagement bisher getan hatten? Sollten wir uns zu einer ‚Maßnahmenbehörde' degradieren, wo wir doch gerade dabei waren, unser Image als böses Jugendamt durch qualifizierte Beratung und gute Kontakte zu Klientenfamilien aufzupolieren?

Die Stimmung im Kollegium wurde zunehmend angespannter und gereizt. Der permanente Stress zehrte an unseren Nerven.

Als ich schließlich das Aufgabengebiet von zweieinhalb Stellen auszufüllen hatte und keinerlei Unterstützung mehr erhielt, weder von der Amtsleitung noch von den Kolleg/Innen, war das Ende meiner Belastbarkeit erreicht (Burn-out).

Lohn der Arbeit oder Resignation

Oft dachte ich darüber nach, ob die vom Jugendamt angebotenen Hilfen nicht nur eine Alibi-Funktion darstellten. Ich stellte mir unsere Arbeit manchmal wie ein mürbes Stück Stoff vor, das, wenn es an der einen Stelle geflickt wird, sofort woanders wieder aufreißt.

Alle unsere Anstrengungen befriedigten doch nicht die tatsächlichen Bedürfnisse unserer Klienten nach ausreichenden finanziellen Mitteln, einer schönen und bezahlbaren Wohnung, einer zufrieden stellenden beruflichen Tätigkeit.

Viele Klienten sagten: „Ja, wenn wir Arbeit hätten, würde es uns besser gehen." Dabei hatten einige von ihnen noch nie im Leben gearbeitet, geschweige denn eine Ausbildung absolviert und schon als Kinder gelernt, dass man am Monatsende das Geld, vom Amt holt'. Wie soll man diesen Teufelskreis durchbrechen und wie kann man Schüler einer Hauptschule dazu motivieren, sich am Unterricht zu beteiligen, die davon ausgehen müssen ohnehin keinen Ausbildungsplatz zu bekommen

Als Sozialarbeiter/In in einem Jugendamt steht man vor der Wahl, entweder schon die kleinsten Erfolge als den Lohn der Arbeit zu werten oder zu resignieren. Aber ich habe nur wenige Kolleg/Innen kennen gelernt, von denen ich letzteres behaupten könnte.

Wer sich für eine Tätigkeit in Jugendamt entscheidet, erwartet in der Regel keine Lorbeeren oder ähnliche Anerkennungen.

Der schönste Lohn der Sozial - Arbeit im Jugendamt mündet in einer kleinen Aktennotiz: ‚Keine weitere Veranlassung'...!

Kindeswegnahme „von Amtswegen“

Ich behaupte, dass ein Großteil der Bevölkerung nicht wirklich über die Aufgaben eines Jugendamtes informiert ist. Woher auch, denn darüber steht nichts in den Zeitungen (und auch so gut wie nichts im Internet). Demzufolge ist es nicht verwunderlich, wenn Eltern oder Elternteile dem Jugendamt mit großer Skepsis gegenüber stehen und den Kontakt scheuen. Wer begibt sich schon freiwillig in die Höhle des Löwen, der die Kinder wegnimmt? (Dabei werden nur geschätzte drei bis vier Prozent der vom Jugendamt betreuten Kinder ‚stationär’ untergebracht, wie es im Amtsdeutsch heißt, und die meisten Kinder kehren nach mehr oder weniger länger währenden Heimaufenthalten oder Pflegestellenunterbringungen zu ihren Eltern zurück. Einige wenige ziehen in betreute Jugendwohngemeinschaften. Nur ein Bruchteil der Kinder wird zur Adoption freigegeben.)

Aber dieser negative Ruf eilt dem Jugendamt noch immer voraus. Selbst Lehrer und Lehrerinnen, die tagtäglich mit Kindern und Jugendlichen in Kontakt sind, haben überwiegend nur sehr vage Vorstellungen davon, welche Hilfen zur Erziehung das Jugendamt anbietet.

Wie oft wird daher lediglich den Eltern mit dem Jugendamt gedroht (von Familienangehörigen, Freunden, Bekannten oder sich belästigt fühlenden Nachbarn, oder auch von Erzieher/Innen und Lehrer/Innen), statt ihnen vorzuschlagen, die Beratung und Hilfe des Jugendamtes in Anspruch zu nehmen. Und selbst Eltern drohen ihren Kindern, wenn sie nicht mehr weiter wissen, mit dem Jugendamt, das sie dann ‚ins Heim stecken wird’.

Aber das Jugendamt kommt für viele als Druck- und Drohmittel - gleich nach der Polizei - gerade recht. Und dabei ist es egal, ob sich ein Hausmeister über lärmende Kinder im Hof mokiert oder eine Lehrerin das häufige Fehlen eines Schülers beanstandet. Mit dem Jugendamt zu drohen, macht den Eltern Angst, allen Eltern, nicht nur denen, die nicht unbedingt zu den Privilegierten unserer Gesellschaft gehören. Wie können also Eltern Vertrauen haben in eine Institution, die nur dafür bekannt ist, ihnen ihre Kinder nehmen zu wollen. Es gibt nicht sehr viele Eltern, die sich ihrer erzieherischen Kompetenz so sicher und gegenüber jeder Kritik erhaben sind, dass sie das Jugendamt nicht fürchten.

Die öffentliche Berichterstattung trägt jedenfalls nicht dazu bei, das Image des Jugendamtes gerade zu rücken, im Gegenteil! In Reportagen der Fernsehmagazine (nicht nur der privaten Sender), die schluchzende Eltern zeigen, denen das Jugendamt ‚einfach so' die Kinder weggenommen hat, wird in den meisten Fällen nur halbherzig recherchiert oder einfach etwas weggelassen. Kein Jugendamt nimmt ohne triftigen Grund oder Verdachtsmomente Kinder aus ihrer Familie. (Nur wenn Eltern nicht bereit oder in der Lage sind, ihre Kinder vor Gefährdungen zu schützen, ist das Jugendamt verpflichtet, sich an das Familiengericht zu wenden, um auch gegen den Willen der Eltern Hilfen für ihre Kinder einzuleiten.) Doch es befriedigt die Sensationslust der Zuschauer und hebt die Einschaltquoten, wenn eine Behörde scheinbar wieder mal ein großes Unrecht an unschuldigen Kindern begangen hat und sie von ihren liebenden Eltern trennte.

Seit sich die Kindstötungen, Misshandlugen oder der Missbrauch an Kindern zu häufen scheinen, besser gesagt, jetzt erst das öffentliche Interesse finden, wird die Forderung nach besserem Kinderschutz immer lauter. Aber die bisher gemachten Appelle, mehr Kindertagesstättenplätze zur Verfügung zu stellen oder die Vorsorgeuntersuchungen verpflichtend einzurichten, greifen nicht weit genug. Ich behaupte sogar, dass sich durch derartige Maßnahmen **nichts** ändern wird.

Eltern können nicht gezwungen werden, ihre Kinder in einer Kinderkrippe oder -tagesstätte unterzubringen, allenfalls durch eine durch das Jugendamt erwirkte familiengerichtliche Auflage, aber dazu müssten dem Jugendamt Gründe vorliegen, die diesen massiven Eingriff in die elterliche Sorge rechtfertigen.

Auch die Forderung nach mehr Vorsorgeuntersuchungen für die Kinder ab Geburt bis zum sechsten Lebensjahr stellt keinen wirklichen Schutz dar, da die vorgesehenen Abstände zwischen den einzelnen Terminen noch immer viel zu lang sind. Kinder können auch am Wochenende, in denen die Kita geschlossen hat, tot geprügelt werden oder in den Wochen beziehungsweise Monaten zwischen den Vorsorgeuntersuchungen vernachlässigt, misshandelt oder missbraucht werden.

Fast überall in Deutschland sind so genannte ‚Tafeln' entstanden, wo sich Menschen, die am Existenzminimum - besser gesagt in Armut leben müssen - kostenlos oder gegen ein geringes Entgelt mit Lebensmitteln versorgen können, die niemand mehr will, weil das Verfallsdatum abgelaufen ist. Selbst in den Mülltonnen hinter den Supermärkten suchen Menschen noch nach verwertbaren Lebensmitteln. ‚Suppenküchen', die ursprünglich für Obdachlose eingerichtet wurden, werden jetzt von den neuen Armen, also den Hartz IV Empfängern frequentiert und Kinder erhalten ihre warme Mahlzeit bei mildtätigen Organisationen.

So ehrenwert diese Maßnahmen auch sein mögen, stellen sie dem reichen Deutschland doch ein Armutszeugnis aus und retten sicher auch kein Kind vor dem Verhungern. Diese bekannt gewordenen Todesfälle hatten andere Ursachen.

Einzig sinnvoll ist die Forderung nach einer Zusammenarbeit der einzelnen Berufsgruppen, die mit Kindern arbeiten oder durch ihre Arbeit mit Kindern in Kontakt kommen. Allerdings ist dieser Vorschlag keine neue Erfindung der derzeit amtierenden Familienministerin. Schon vor zwanzig Jahren gab es zum Beispiel in einem hessischen Jugendamt einmal monatlich eine so genannte ‚Stadtteilkonferenz', an der alle teilnahmen, die in dem jeweiligen Stadtteil mit oder für Kinder bzw. Familien arbeiteten: Sozialarbeiter/Innen, Erzieher/Innen, Lehrer/Innen sowie die Mitarbeiter/Innen von freien Trägern. Auch andere Berufsgruppen, wie zum Beispiel Ärzte oder Psychologen, konnten an diesen Konferenzen teilnehmen.

Aber selbst wenn sich solche Konferenzen bundesweit durchsetzen würden, wäre das noch immer nicht genug, um Kinder besser zu schützen, als es bisher geschieht.

- Warum suhlen sich die Medien weiter im Elend der Kinder und Jugendlichen, statt die Gelegenheit zu ergreifen, die Angstschwellen der Bevölkerung gegenüber einem Kontakt mit dem Jugendamt durch konkrete Aufklärung abzubauen und über die Hilfsangebote des Jugendamtes zu informieren?

- Warum wird das Thema nicht aufgegriffen und in das Fernsehprogramm integriert?

- Warum werden Ärzt/Innen und Psychologen/Innen nicht umfassender geschult und Lehrer/Innen, die bisher kaum über ihren ‚Tellerrand Schule' hinausschauen können oder wollen, nicht schon während ihres Studiums verpflichtet, sich sowohl mit den Aufgaben und der Arbeitsweise von Jugendämtern zu beschäftigen als auch mit Anzeichen einer möglichen Gefährdung des Kindeswohles, um sich im Verdachtsfall an das Jugendamt wenden zu können?

-Warum informieren sich amtierende Politiker nicht besser über bereits bestehende Hilfsangebote für Kinder und Jugendliche, statt Unsummen für die Planungen von neuen Maßnahmen aus dem Fenster werfen, die lediglich das schlechte Gewissen beruhigen statt irgendetwas zu nützen. Stattdessen sollten diese finanziellen Mittel dazu verwendet werden, den Personalschlüssel in den Jugendämtern aufzustocken. Nur wenn Kinder gestorben sind, durch Hunger oder Schläge, in Bremen oder Schwerin, wenn Mütter ihre Neugeborenen töten und in Blumenkästen oder Tiefkühltruhen verstecken, werden über Nacht im jeweilig betroffenen Jugendamt und wie von Geisterhand plötzlich zwei, drei oder noch mehr neue Stellen geschaffen.

Prügelknabe Jugendamt

Eines lässt sich nicht leugnen: Jugendämter sind die einzige Instanz, die per Gesetz die leidige Pflicht hat, bei drohender Gefahr der Gefährdung des leiblichen, seelischen oder körperlichen Wohles eines Kindes eingreifen zu müssen, auch gegen den Willen der Eltern. Aber es ist falsch, die unterschiedlichsten Aufgaben der Jugendämter auf derartig gravierende Maßnahmen zu reduzieren. Ihr vorrangigster Anspruch besteht stattdessen darin, diese staatlichen Eingriffe in die elterliche Sorge nach Möglichkeit zu verhindern.

Freie Träger, die mit Problemfamilien arbeiten, können sich die Hände in Unschuld waschen und werden nicht zur Rechenschaft gezogen, wenn ein Kind zu Schaden gekommen ist. Das Jugendamt dagegen steht am nächsten Tag mit negativen Schlagzeilen in der Zeitung und muss sich rechtfertigen.

Sicherlich gibt es auch unter den Jugendamtsmitarbeiter/Innen schwarze Schafe, die die ihnen übertragenen Aufgaben vernachlässigen. Doch wo gibt es die nicht? Ärzte operieren in betrunkenem Zustand, Lehrer missbrauchen Schülerinnen, Polizisten nehmen Drogen und so weiter und so weiter. Und immer sind Menschen davon betroffen, schrecklich, aber leider kaum zu verhindern. Aber wer hat sich schon einmal ernsthaft gefragt, warum ein Chirurg, der manchmal sechsunddreißig Stunden am Stück operiert, zum Alkoholiker wird oder weshalb Polizei- oder Kripobeamte ihren harten Berufsalltag, der durch Gewalt, Blut und Aggressivität geprägt ist, nur noch unter dem Einfluss von irgendwelchen Aufputschmitteln meistern können?

Auch Sozialarbeiter/Innen im Jugendamt stehen ständig unter Stress und zunehmend auch unter dem Druck der Öffentlichkeit. Keiner, ich betone *keine(r)* von ihnen möchte, dass ein misshandeltes, verwahrlostes oder missbrauchtes Kind in ihrem/seinem Bezirk aufgefunden wird, geschweige denn ein totes, und versucht es mit allen Mitteln zu verhindern, aber dennoch passiert es.

Aber statt die Jugendämter zu attackieren, ihnen mit Ermittlungen zu drohen und ihnen unvorschriftsmäßiges Handeln vorzuwerfen, sollte darüber nachgedacht werden, wie diese verantwortungsvolle Tätigkeit höher zu bewerten wäre, nicht unbedingt durch eine höhere Bezahlung sondern vielmehr durch Lob und Anerkennung, und zwar in aller Öffentlichkeit. Aber darauf wird man hierzulande wohl noch lange warten müssen.

Dabei könnte es vielen Betroffenen bei ihrer Entscheidung helfen, sich viel eher an die öffentliche Jugendhilfe zu wenden als bisher, wenn ihnen nicht permanent die ‚Schreckensherrschaft' des Jugendamtes vor Augen gehalten würde.

Ich wiederhole mich gern, wenn ich sage, dass ein Jugendamt auf die Mithilfe all derer angewiesen ist, die mit Kindern Kontakt haben. Aber solange sich diese immer noch zieren, sich bei einem Verdacht auf Gefährdung des Wohles eines Kindes an das Jugendamt zu wenden, oder wenigstens eine Beratungsstelle aufzusuchen oder anzurufen - und es gibt genügend anonyme Beratungsstellen - die die Anonymität nur bei extremer und tatsächlicher ‚Gefahr im Verzuge' zu Gunsten der Kinder aufgeben - solange Menschen die Augen davor verschließen, was ihnen in ihrem unmittelbaren privaten oder dienstlichen Umfeld verdächtig vorkommt und diese Sorgen nicht weitergeben, solange werden Kinder weiter leiden und unter Umständen sterben müssen

Es ist schwer, zugegeben, eine solche Entscheidung zu treffen, vor allem wenn jemand aus der Familie oder dem Freundeskreis betroffen zu sein scheint. Was ist, wenn man sich irrt? Bringt man nicht eine Lawine ins Rollen und zerstört nicht nur die Familie, sondern auch die Freundschaft? Und jeder ist unsicher. Hat sich das Kind wirklich an der Bettkante gestoßen oder ist es misshandelt worden? Ist es schon Missbrauch, wenn ein Vater, der seine Tochter wickelt, ihr zwischen die Schenkel greift? Werden die Kinder vernachlässigt, wenn die Eltern häufig stundenweise die Wohnung verlassen? Kann man schon von Verwahrlosung der Kinder sprechen, wenn die Kinder manchmal unangenehm riechen oder es aus der Wohnung müffelt? Schreit das Kind oft nächtelang, weil es krank ist oder wird es geschlagen? Soll man eingreifen oder lieber Ohren und Mund verschließen, statt sich der Denunziation bezichtigen zu lassen. Soll man denken, das geht mich nichts an?

Nein!

Eltern fügen ihren Kindern nicht vorsätzlich Leid zu (von sexuellem Missbrauch einmal abgesehen). In der Regel sind sie einfach überfordert und brauchen Hilfe.

Wer sich nicht traut, den Eltern seine direkte Hilfe anzubieten, kann sich – auch anonym – (oder telefonisch) im Jugendamt beraten lassen und wer den Gang ins Amt immer noch scheut, kann sich an eine der vielen Beratungsstellen ‚Freier Träger', wie zum Beispiel den Kinderschutzbund wenden. Auch Eltern können dort offen über ihre Probleme sprechen, ohne befürchten zu müssen, gleich ‚aktenkundig' zu werden, selbst wenn es um Themen wie Misshandlung oder Missbrauch geht. Und in der Regel erfährt das Jugendamt nichts davon, denn wenn es so wäre, hätten auch diese externen Kinderschutzstellen keinen Zulauf mehr, der sich ohnehin – zumindest während meiner aktiven Zeit als Sozialarbeiterin – in Grenzen hielt, allerdings auch fast ausschließlich nur von so genannten Mittelschichtfamilien aufgesucht wurden. Damit will ich die dort geleistete Arbeit keinesfalls schmälern, aber die vom Jugendamt betreuten Problemfamilien werden von diesen Beratungsangeboten in der Regel nicht erreicht. Ich betreute einige Klienten, die mir, nachdem ich sie an ‚freie Träger' verwiesen hatte, berichteten, nichts davon verstanden zu haben, was ihnen dort erklärt wurde.

Wenn etwas schief geht, sind die Menschen schnell bei der Hand, einen Schuldigen zu suchen. Was liegt also näher, als bei vernachlässigten, verwahrlosten, misshandelten, missbrauchten oder gar toten Kindern das Jugendamt zur Verantwortung zu ziehen, das ja vor diesem Unglück alles vorher wissen oder hätte erkennen können - müssen.

Das Jugendamt wird nie allwissend sein und durch Mauern schauen können, egal wie viele Mitarbeiter beschäftigt werden. Denn die Mitarbeiter/Innen des Jugendamtes sind in der Regel die letzten, die die Kinder kennen lernen und sich um sie kümmern können.

Niemand hinterfragt allerdings, woher das gescholtene Jugendamt seine Informationen beziehen soll und kann. Sozialarbeiter/Innen klopfen nicht an jede Tür, hinter der Kinder leben, um nachzusehen, ob alles in Ordnung ist. Dazu fehlt ihnen schlichtweg die Zeit, abgesehen davon, dass sich die meisten Familien zurecht und vehement dagegen verwehren würden, wenn das Jugendamt regelmäßige prophylaktische Besuche durchführte. Verständlicherweise, denn dann hätten wir den totalen Überwachungsstaat, und das möchte, bei aller Sorge um die Kinder, doch wohl niemand.

Kinder haben aber vom ersten Tag ihres Lebens an Eltern, Verwandte, Nachbarn und Freunde der Familie und natürlich Kinderärzte und Hebammen. Später kommen Erzieher/Innen und Lehrer/Innen hinzu.

Kinder - oder Krankenhausärzte, die am ehestens freiwillig von Müttern, Vätern, Eltern aufgesucht werden, sind oft die ersten, die auf Versorgungsmängel, Missbrauch oder Misshandlungsspuren stoßen, schalten aber in der Regel nur in Extremfällen die Polizei oder das Jugendamt ein. Doch wenn sich Eltern nicht mehr auf die Schweigepflicht verlassen könnten, würden sie sich auch nicht mehr in ärztliche Behandlung begeben, sofern sie davon ausgehen müssten, jeder Arzt würde jeglichen Verdacht auf Gefährdung des Kindeswohles sofort an die Polizei oder das Jugendamt weitergeben. Der letzte Weg, misshandelte Kinder noch unter Umständen in letzter Minute zu retten, oder sie vor weiterer Gefährdung zu schützen, wäre damit auch verbaut.

Doch was ist mit den vielen anderen, die mit Kindern berufsmäßig zu tun haben, den Erzieherinnen in Krippen und Kindergärten und Horten, den Lehrer/Innen in Grundschulen, all denen, die tagtäglich mit Kindern zu tun haben, die sich selbst noch nicht wehren können?

Sie alle haben die gleiche Angst wie die Nachbarin von nebenan, die Angst, etwas Falsches zu sagen, jemanden zu bezichtigen. Ich habe von einer Frau gelesen, die, nur weil sie sich sorgenvoll an das Jugendamt wandte, jahrelange Prozesse erdulden und bezahlen musste, weil sie von den Eltern wegen Verleumdung verklagt wurde, die vehement bestritten, ihre Kinder misshandelt zu haben. Ich kann nachvollziehen, warum dann lieber die Augen, die Ohren und die Fenster geschlossen werden. ‚Da sollen sich doch die darum kümmern, die dafür zuständig sind.'

Doch gerade diese Gleichgültigkeit produziert immer neue tote Kinder.

Und was nun?

Bis heute kämpfen die Jugendämter vergeblich gegen das Vorurteil an, dass sie lediglich einen legitimierten ‚Kinderklau' betreiben und Kinder ‚ins Heim stecken'. Erscheinen solche Fälle in den Medien, wird die Wut auf die unmenschlichen, grausamen Jugendämter noch geschürt. Manchmal nur einen Tag später wird irgendwo ein halbverhungertes Kind in einer Wohnung entdeckt, und wieder reagiert die Bevölkerung empört und fragt sich, warum das Jugendamt nicht schon vorher eingegriffen hat.

Sozialarbeiter/Innen in Jugendämtern sitzen immer zwischen zwei Stühlen: helfen zu wollen, aber leider manchmal eingreifen zu müssen. Um aber helfen zu können, was viele ‚Eingriffe' vielleicht erübrigen würde, ist es notwendig, die Öffentlichkeit über die Hilfsmöglichkeiten der Jugendämter aufzuklären.

Was liegt also näher, als dass sich diejenigen, die berufsmäßig mit Kindern in Kontakt kommen, mit den Mitarbeiter/Innen des Jugendamtes bekannt machen, die im gleichen Einzugsbereich (Stadtteil/Bezirk/Ort) tätig sind. In diesen persönlichen Kontakten würde sich sehr schnell herausstellen, dass sich unter dem Angst machendem Begriff ‚Jugendamt' tatsächlich Wesen aus Fleisch und Blut verbergen, die nicht dem alten Klischee der peniblen Fürsorger/Innen entsprechen, sondern engagierte, gut ausgebildete Fachkräfte sind.

Aber vor allem müssten die Jugendämter selbst stärker an die Öffentlichkeit treten und sich und ihre Arbeit vorstellen:

Durch kleine Faltblättchen (Flyer), die z.B. in Arztpraxen, Schulen, Kindergärten ausgelegt oder mit der Tageszeitung an die Haushalte verteilt werden könnten und die Teilnahme von Mitarbeiter/Innen des Jugendamtes an Elternabenden in Kindertagesstätten und Schulen würde bereits eine große Öffentlichkeit erreicht. Außerdem sollten auch die Medien wie Funk und Fernsehen – wie schon erwähnt – diese Thematik aufgreifen und über die Arbeit der Jugendämter berichten. Je mehr Betroffene aber und vor allem auch Außenstehende über die Arbeit und Hilfsmöglichkeiten des

Jugendamtes informiert sind, desto eher lässt sich das Misstrauen gegenüber dieser Institution abbauen.

Trotzdem wird immer eine gewisse Schwellenangst bleiben, aber es gibt Möglichkeiten, betroffenen Familien den schweren Gang ins Jugendamt zu ebnen.

Erzieher/Innen, Lehrer/Innen aber auch Freunde oder Nachbarn, die Probleme innerhalb der Familien vermuten, sollten ihre Sorgen vorsichtig, aber bestimmt, ansprechen und die Eltern dann möglicherweise zum Erstgespräch in das Jugendamt begleiten.

Ärzten sollte wieder (viel) mehr Zeit eingeräumt werden, neben ihrer medizinischen Diagnose auch auf die seelische Befindlichkeit ihrer Patient/Innen eingehen zu können (psychosoziale Diagnose), statt fast lediglich nur noch Rezepte ausstellen zu können. Zu Ärzten haben die Menschen noch immer das größte Vertrauen, und wenn die Ärzte wiederum Vertrauen zum Jugendamt hätten, könnte vielen Familien der Weg ins Jugendamt geebnet werden. Eltern können und wollen oft nicht zugeben, wenn sie sich mit der Erziehung ihrer Kinder überfordert fühlen oder einfach nur erschöpft sind, da sie die Schuld bei sich suchen und sich als Versager empfinden. Diese Mütter oder Väter brauchen meistens nicht nur ‚Pillen', sondern oftmals eine Hilfe zur Erziehung, und diese wird nur durch das Jugendamt gewährt, also finanziert.

Und auch Kindern sollte die Angst vor dem Jugendamt und einer eventuellen Heimunterbringung genommen werden, und es darf vor allem niemals und von niemandem damit gedroht werden. Kinder würden es immer als Bestrafung erleben, wenn sie tatsächlich – sei es durch Überlastung der Eltern, Krankheit oder sogar Tod ihrer Bezugspersonen – in einem Kinderheim untergebracht werden müssten.

Um Kindern die Angst vor dem Jugendamt oder Kinderheim zu nehmen, könnten Erzieher/Innen und Lehrer/Innen so genannte Projekttage veranstalten und die Kinder sowohl mit der Arbeit des Jugendamtes als auch mit dem Leben in einem Kinderheim vertraut machen. Ich bin sicher, Kinder würden sich eher trauen, um

Hilfe zu bitten, wenn sie wüssten, dass ein Kinderheim kein Kindergefängnis ist.

Die Verantwortung für die Kinder obliegt allen und darf und kann nicht auf die Jugendämter abgewälzt werden. Jeder kann ein wenig dazu beitragen, Kindern das Leben, das ja noch vor ihnen liegt, zu erleichtern. Und Kindern hilft man in erster Linie, in denen man den Eltern hilft.

Was sagte meine Kollegin zu mir? „Man kann nicht alle Kinder retten."

Alle Kinder sicher nicht, aber vielleicht ein paar mehr!

Nur noch eine letzte kleine Geschichte

Unsere im Bezirksamt angestellte Kinderärztin informiert mich, dass sie gerade einen dreieinhalbjährigen Jungen untersucht habe, der ihr von einer Erzieherin gebracht worden war. Das Kind habe verstört gewirkt, außerdem seien auf seinem Po deutliche Striemen zu erkennen gewesen. Die Erzieherin habe vergeblich versucht, die Mutter telefonisch zu erreichen. Der Junge besuche erst seit einer Woche die Kindertagesstätte.

In Absprache mit der Kinderärztin beschließe ich, das Kind vorerst ‚in Obhut' zu nehmen und bestelle ein Taxi, um ihn in den Kindernotdienst zu bringen.

Der Kleine sitzt schweigsam neben mir, während es draußen langsam dunkel wird.

„Wo fahren wir hin?“, fragt er unvermittelt.

„In ein Haus, wo auch noch andere Kinder wohnen. Dort ist es fast genauso wie bei dir im Kindergarten und dazu hast du noch ein Bett, wo du schlafen kannst.“

„Kommt da auch warmes Wasser aus der Wand?“

Anhang

Der ***sozialpädagogische Dienst***, für den es regional unterschiedliche Bezeichnungen gibt, stellt den Basisdienst des Jugendamtes dar.

Die ***Aufgaben*** dieses Teilgebietes ***des Jugendamtes*** lassen sich in den nachstehenden Schwerpunkten zusammenfassen:

1). Beratung und Begleitung von
- Eltern mit minderjährigen Kindern
- allein sorgeberechtigten Müttern oder Vätern
- Kindern, Jugendlichen und jungen Volljährigen

(die sich in einer Not- und/oder Konfliktsituation befinden)
- sowie allen Menschen, die sich um die Entwicklung von ihnen bekannten Kindern Sorgen machen

2). Vermittlung von Hilfen zur Erziehung
- sozialpädagogische Familienhilfe
- Kinderpsychotherapien
- Erziehungsbeistandschaften
- Hilfen außerhalb der Familie (Pflegestelle/Heim)
- Hilfen für minderjährige Mütter (Mutter-Kind Heim)
- Hilfen für Jugendliche und junge Volljährige (Unterbringung in Jugendwohngemeinschaften oder „Betreutem Einzelwohnen)

3). Krisenhilfe und Kinderschutz
- Inobhutnahme von Kindern oder Jugendlichen bei Gefährdung des Kinderschutzes sowie in Not oder Konfliktsituationen
- Einleitung von vormundschaftsgerichtlichen Maßnahmen (Beschränkungen oder Entzug des Sorgerechts

4).Mitwirkung in familiengerichtlichen Verfahren

- Beratung zum Sorge- und Umgangsrecht
- Verfassen von gutachterlichen Stellungnahmen zur Sorg- oder Umgangsrechtentscheidung des Familiengerichts.

Ebenfalls verfügbar über **www.rediroma-verlag.de:**

Barbara Eickhoff
Unsere kleine Weltreise
(über Dubai und Singapur nach Australien)

ISBN 978-3-940450-09-8
114 Seiten, 16,00 Euro (D)

Im Oktober 2006 machten wir uns auf den Weg nach Australien, um Freunde zu besuchen, das Land kennen zu lernen oder gar für immer?

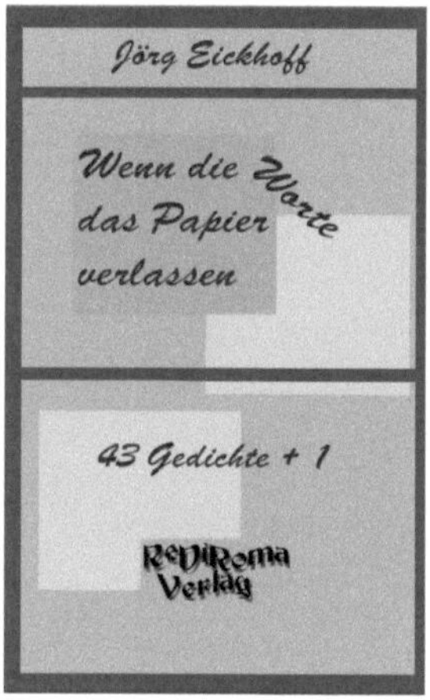

Jörg Eickhoff
Wenn die Worte das Papier verlassen
(43 Gedichte +1)

ISBN 978-3-940450-18-0
64Seiten, 7,90 Euro (D)

Jörg Eickhoff wurde 1942 in Berlin geboren. Er wuchs in Bremen auf, wo er nach dem Abitur nach Marburg ging, um Altphilologie und Sport zu studieren.
Nach drei Jahren brach er sein Studium aus familiären Gründen ab und trat in den öffentlichen Dienst ein, zunächst bei der Deutschen Bundesbahn in Bremen. Einige Jahre später wechselte er zur Bundesjustiz in Berlin, wo er bis zu seiner Pensionierung tätig war.

Barbara Eickhoff
Landunter

ISBN 978-3-940450-15-9
298 Seiten
16,00 Euro (D)

Anna, eine junge Frau, lebt allein und zurückgezogen in Berlin. Die einzige Abwechslung ihres täglichen Einerlei bietet ihre Arbeit in einem Supermarkt, aber dort fühlt sie sich zunehmend unwohler. Plötzlich entdeckt sie, dass sie beobachtet wird und bekommt panische Angst.

Barbara Eickhoff
Die Flaschenpost

ISBN 978-3-940450-30-2
342 Seiten
18,50 Euro (D)

Anna und Georg treten ihre Hochzeitsreise an, die sie über Moskau nach St.Petersburg führen soll, wo Anna von ihren Grosseltern sehnsüchtig erwartet wird. Auf einer Stadtrundfahrt durch Moskau verschwindet plötzlich ein Kind aus der Reisegruppe.